城市交通出行行为与交通需求管理

鲜于建川　著

北京航空航天大学出版社

内容简介

随着经济和社会的快速发展，交通拥堵以及由此引发的社会和环境问题已成为制约城市可持续发展的瓶颈。本书在阐述出行行为研究的现状和发展趋势、基础理论和基本方法的基础上，首先分析了出行方式、出行链、出行时间等关键行为要素、要素间的相互作用规律及其对交通管理政策的相应机制；然后从社会网络视角，提出了基于多智能体仿真的出行行为及其动态性研究框架；以家庭为分析对象，研究了成员活动-出行行为的限制和关联关系；最后分析总结了移动互联时代下的出行数据采集和分析技术，设计了基于智能手机的多日出行调查，将多维序列比对算法引入出行行为研究，全面系统地分析了多日活动-出行变化模式，为交通需求预测和管理提供了新的思路和方法。

本书可作为交通规划、交通管理、系统科学与工程、行为经济学等领域的科研、技术和管理人员的参考书。

图书在版编目(CIP)数据

城市交通出行行为与交通需求管理 / 鲜于建川著.
-- 北京 ：北京航空航天大学出版社，2018.9
ISBN 978-7-5124-2808-9

Ⅰ. ①城… Ⅱ. ①鲜… Ⅲ. ①城市交通运输—交通运输管理—研究—中国 Ⅳ. ①F572

中国版本图书馆 CIP 数据核字(2018)第 195098 号

城市交通出行行为与交通需求管理

鲜于建川 著

责任编辑 王慕冰

*

北京航空航天大学出版社出版发行

北京市海淀区学院路 37 号(邮编 100191) http://www.buaapress.com.cn

发行部电话：(010)82317024 传真：(010)82328026

读者信箱：goodtextbook@126.com 邮购电话：(010)82316936

北京九州迅驰传媒文化有限公司印装 各地书店经销

*

开本：710×1 000 1/16 印张：9.5 字数：202 千字

2018 年 10 月第 1 版 2018 年 10 月第 1 次印刷 印数：1 000 册

ISBN 978-7-5124-2808-9 定价：45.00 元

若本书有倒页、脱页、缺页等印装质量问题，请与本社发行部联系调换。联系电话：(010)82317024

前　言

交通拥堵以及由此引发的社会和环境影响已经成为制约国民经济发展的瓶颈，是困扰现代化大都市可持续发展的世界性难题。交通需求管理(Travel Demand Management，TDM)从需求入手，主动设计、分析和实施管理措施，从时间、空间和方式上对个体出行选择进行引导和限制，以缓解交通供需矛盾。因此，合理有效的交通需求管理将对经济繁荣、社会福利和生态平衡产生重要的影响。

出行行为分析通过对人们活动的参与及安排、出行时间和地点、次序和方式等选择决策的描述，揭示个体出行选择行为的本质、预测管理措施的可接受性和效果，是科学制定和实施TDM策略的关键。随着基于活动方法的广泛应用，交通领域的研究者开始致力于捕捉出行行为的复杂性。近年来，信息通信技术的日新月异带来了交通数据采集和处理手段、研究理论和方法的快速发展，而这些新技术、新方法的出现也正在改变着人们的活动和出行，使出行行为分析不断面临新的难题。为此，本书以作者近年来的研究成果为基础，介绍出行行为分析和交通需求管理领域的研究趋势、方法和成果，提出这一研究领域面临的新任务和新挑战，旨在为相关领域的研究和实践人员提供参考。

本书重点介绍作者在出行行为复杂性建模及其在出行需求管理中应用方面的研究成果，主要内容和特色如下：

(1) 在理论方面，系统地阐述了出行行为分析的研究方法和理论，以及以离散选择模型为代表的建模方法在出行行为分析和需求预测方面的应用；细致、深入地分析了信息通信技术对出行行为研究的影响、社会网络对出行行为及其动态性的影响；提出了改善出行行为数据采集和处理效率及效果的方法；建立了一系列提高出行行为分析准确性的模型。

(2) 在应用方面，以我国大城市居民出行实际数据为载体，归纳了我国大城市居民出行的特点，提出了有针对性的交通需求管理措施，并验证了其实施的可行性；同时总结了分析建模及政策评价过程中各种有效的检验方法和使用技巧，体现了良好的应用价值。

作者的研究工作得到了国家自然科学基金(No. 51008190)、上海市教育委员会科研创新项目(No.15ZS078)、上海电机学院学科建设资助项目(No.16YSXK02)的资助,在此一并表示感谢。

感谢我的导师——上海交通大学隽志才教授多年来对我的指导和帮助,感谢 Einhoven University of Technology 的 Harry Timmermans 教授和 Soora Rasouli 教授参与我的研究。

感谢北京航空航天大学出版社对本书出版的支持。

由于本人学识和能力有限,书中若有纰漏和不当之处,敬请读者批评指正。

鲜于建川
2017年11月

目　　录

第 1 章　绪　论 …… 1

第 2 章　出行行为分析概述 …… 2

2.1　基于活动的出行行为分析 …… 2

2.2　离散选择模型 …… 3

2.2.1　基本假设 …… 3

2.2.2　随机效用理论 …… 3

2.2.3　GEV 模型 …… 4

2.2.4　Probit 模型和 Mixed Logit 模型 …… 6

2.2.5　混合选择模型 …… 7

2.3　基于风险的持续时间模型 …… 8

2.3.1　参数模型 …… 9

2.3.2　半参数模型 …… 10

2.3.3　非参数模型 …… 10

2.4　受限因变量模型 …… 11

第 3 章　出行方式选择行为 …… 12

3.1　出行方式选择的个体差异 …… 12

3.2　后悔理论视角下的出行方式选择行为 …… 14

3.2.1　RRM－MNL 模型 …… 15

3.2.2　模型应用 …… 15

3.2.3　模型属性 …… 18

3.3　出行链-出行方式相互影响 …… 19

3.3.1　出行方式与出行链 …… 19

3.3.2　RSBP 模型 …… 20

3.3.3　模型应用 …… 21

3.4　出行方式与出行时间选择 …… 25

3.4.1　离散-连续选择模型 …… 25

3.4.2　模型应用 …… 27

第 4 章　出行方式-出行链联合选择 …… 30

4.1　出行方式和出行链模式选择 …… 30

4.2　基于 Cross－Nested Logit 模型的联合选择行为分析 …… 31

4.2.1 Cross - Nested Logit 模型 …… 31
4.2.2 通勤出行方式和出行链模式联合选择 …… 32
4.3 基于贝叶斯方法的联合选择行为分析 …… 36
4.3.1 出行行为分析贝叶斯网络模型构造 …… 36
4.3.2 基于 Bayes 网络的联合选择行为分析 …… 38
第 5 章 出行者时间使用模式研究 …… 42
5.1 时间使用模式 …… 42
5.1.1 FLM 模型 …… 43
5.1.2 模型应用 …… 43
5.2 日出行时间分析 …… 47
5.3 活动安排模式 …… 50
5.3.1 CDP 模型 …… 50
5.3.2 模型的应用 …… 52
5.4 通勤出行时间差异性分析 …… 55
5.4.1 多层线性模型 …… 56
5.4.2 通勤出行时间分析 …… 57
第 6 章 个体活动-出行选择行为相互影响研究 …… 61
6.1 活动-出行需求在家庭成员间的分配 …… 61
6.1.1 SEM 模型 …… 61
6.1.2 模型设定 …… 62
6.1.3 模型结果分析 …… 63
6.2 通勤出行长度选择 …… 67
6.2.1 BOP 模型 …… 68
6.2.2 模型构造及分析 …… 69
6.3 出行时间相互影响 …… 70
6.3.1 基于 Copula 函数的日出行时间模型 …… 71
6.3.2 模型结果分析 …… 73
6.4 社会网络视角下的出行选择行为 …… 76
6.4.1 社会网络及其建模 …… 76
6.4.2 基于社会网络视角的出行行为研究框架 …… 77
第 7 章 多日活动-出行行为研究 …… 81
7.1 活动-出行模式 …… 82
7.2 多维序列比对 …… 83
7.3 Panel Effects Regression 模型 …… 85
7.4 多日活动-出行模式 …… 85
7.4.1 基于多日出行数据的活动-出行变化模式分析 …… 88

7.4.2 结论及展望 …… 92
第 8 章 人工智能方法在出行行为分析中的应用 …… 95
8.1 基于知识的神经网络 …… 95
8.1.1 基于决策树的 KBNN 的构造 …… 95
8.1.2 KBNN 在出行行为分析中的应用 …… 97
8.2 遗传聚类算法 …… 101
8.2.1 聚类分析 …… 101
8.2.2 活动模式表达 …… 101
8.2.3 中心聚类算法 …… 102
8.2.4 基于遗传算法和 K 中心聚类的新算法 …… 103
8.2.5 分析及结果 …… 105
8.3 支持向量机 …… 106
8.3.1 支持向量机模型 …… 107
8.3.2 建模数据 …… 108
8.3.3 模型标定 …… 110
第 9 章 移动互联时代下的出行数据采集和分析技术 …… 113
9.1 出行调查 …… 113
9.2 基于智能手机的出行调查 …… 114
9.2.1 调查方案和调查软件 …… 114
9.2.2 调查数据处理 …… 116
9.2.3 回访调查 …… 118
9.3 基于智能手机的出行数据采集 …… 119
9.4 基于移动数据的出行行为分析 …… 121
第 10 章 出行行为分析中的集计预测技术 …… 123
10.1 个体选择的集计问题 …… 123
10.2 集计分析思想 …… 124
10.3 集计分析方法 …… 125
10.3.1 代表性个体法 …… 125
10.3.2 分类法 …… 125
10.3.3 统计微分法 …… 126
10.3.4 直接积分法 …… 127
10.3.5 样本枚举法 …… 128
参考文献 …… 130

第1章 绪 论

安全、高效、可靠的交通系统是城市发展的关键推动力。然而，随着我国城市化进程的加快，城市规模不断扩大，人口城市化趋势日益显现，机动化出行水平正以前所未有的速度迅速攀升，交通拥堵以及由此引发的社会和环境问题，已成为制约大城市可持续发展的瓶颈。

城市交通拥堵的根本原因是交通的供需不平衡，在我国具体表现为交通需求的增长与城市交通基础设施建设速度之间的不平衡，城市交通发展规模与相对滞后的交通管理水平之间的不平衡，而交通结构、土地利用和城市布局的不合理也加剧了交通需求和供给之间的矛盾。城市交通拥堵问题是困扰现代化大城市的世界性难题，无论是发达国家还是发展中国家都在不断地探索解决这一问题的有效途径。然而正如交通拥挤的当斯定律所表述的，新建的道路会诱发新的交通量，而交通需求总是趋向于超过交通供给。同时，由于经济、技术、空间环境等条件的限制，单纯通过加大投入、加快交通基础设施的建设并不能从根本上解决交通供需不平衡的矛盾。

本书重点介绍作者在出行行为复杂性建模及其在出行需求管理中应用方面的研究成果。全书共9章，主要内容安排如下：

(1) 系统地阐述了出行行为分析的基本理论和方法，介绍了以离散选择模型为代表的出行行为分析模型系统、持续时间分析方法、受限因变量模型及其在出行行为分析中的应用。

(2) 围绕交通需求预测和管理工作的需要，建立了一系列出行行为模型，系统深入地分析了各出行维度选择行为及其相互影响和制约机制。

(3) 深入地研究了移动互联时代下的出行数据采集、分析和建模技术。

第2章 出行行为分析概述

基于活动的出行行为分析是出行需求预测和交通需求管理领域应用最为广泛的方法。本章首先阐述基于活动的出行行为分析方法的理论背景和基本原理，然后介绍以离散选择模型、基于风险的持续时间模型和受限因变量模型为代表的建模分析方法，为后续章节的分析讨论提供理论和方法基础。

2.1 基于活动的出行行为分析

随着社会和经济的发展，交通需求迅猛发展，需求和供给之间的矛盾日渐突出。为了调节交通系统的供需平衡，促进城市区域发展，解决交通拥堵及由此引发的社会、环境问题，交通规划的核心从过去的区域性规划转移到了政策规划，重点也从远期转向中短期，出行需求管理(Travel Demand Management，TDM)的制定和实施成为交通管理领域的研究热点[1]。交通需求建模的重点也相应地从对长期的、集计的出行总体需求的统计预测，转移到了对需求管理政策影响下的个体、非集计层面出行响应行为的分析。传统建模方法以统计技术为导向、以单次出行为分析单位，无法准确地刻画出行者对需求管理政策的复杂响应行为。为了适应新的规划需要，研究者提出了以行为决策理论为基础的方法——基于活动的出行行为分析。

基于活动的分析方法认为，出行需求源自人们进行社会经济活动的需要[1]，出行的目的是在不同的时间和不同的地点参与不同的活动[2]。因此，活动是出行需求分析的根本，正是活动需求引发了出行需求，并影响出行时刻、出行方式、目的地选择等重要决策。而对于活动和出行动机、方式、时间、地点的选择，以及出行者及其家庭的活动需求、偏好和习惯、社区文化、社会规范、交通服务水平、工作和生活环境等影响因素的研究则构成了方法的行为学基础[3]。基于活动的方法以相互关联的出行所形成的往返行程作为描述出行模式的基本建模单位，有利于刻画各次出行在时间、空间、方式属性方面的相互影响和制约。这种建模方法有助于对出行者单日或多日活动和出行选择、序列、模式的规律和变化的分析，并进一步对出行需求管理策略的可行性及效果进行预测[4]。总结基于活动分析方法的已有研究成果，可将基于活动的出行行为分析的核心思想概括为4个方面：

① 出行需求源于社会活动需要[5-7]。

② 活动和出行行为受到时间和空间条件的限制[8-10]，以及能力、资源和陪同需

求等方面的约束[11-14]。

③ 个体生活在一定的家庭环境中，家庭成员的活动-出行选择相互依赖、影响和制约[15-18]。

④ 个体活动需求是动态的，由此派生的出行需求也是动态变化的，受到过去经历和预期事件的影响[19-22]。

基于活动的出行行为模型大致可以分为两大类：

① 以消费者行为经济学为基础的基于效用最大化理论的计量经济学模型系统，以选择效用最大化为基本假设，通常由一系列预测活动-出行选择不同维度的计量经济学模型构成，主要以离散选择模型、持续时间模型和受限因变量模型为代表。

② 基于规则的计算过程模型系统，是计算机程式化的生成系统模型，通过一系列以 if-then 语句表达的规则来模拟决策过程。此外，还包括基于时空棱柱和约束的方法[23]、数学规划方法[24]和基于代理的方法[25]。

2.2　离散选择模型

交通系统是一个复杂的巨系统，系统层面的流量、速度、可靠性等属性正是大量个体出行选择及其相互影响的集计结果。个体出行选择大都围绕目的地、方式、时段等离散变量展开，是离散选择分析的研究范畴。

2.2.1　基本假设

离散选择模型又称非集计模型，用于分析离散选择问题的行为过程及其影响因素。模型有以下基本假设：

① 决策者是"个体"，而对"个体"决策实体的界定取决于研究问题的需要。为了解释决策者之间选择偏好的异质性，通常在模型中添加出行者年龄、性别、收入等社会经济属性。

② 选择集由互斥、完备和有限可数的备择方案组成。决策者实际考虑的方案是通用方案集的子集。选择集中的每个方案都可以用一组固有或者公共的属性来表示。

③ 决策规则是决策者用于评估选择集中各备择方案并作出选择的过程。大多数离散选择模型根据效用理论，假设决策者在特定选择条件下，选择效用最大的方案。

2.2.2　随机效用理论

根据随机效用理论，受选择方案、决策者属性观测可得性和观测误差等因素的影响，方案选择效用具有不确定性。假设决策者 n 从选择集 C_n 中选择方案 i 的效用由确定项 V_{ni} 和随机项 ε_{ni} 两部分组成，分别为可观测因素和不可观测因素对选择效用

的影响，即

$$U_{ni}=V_{ni}+\varepsilon_{ni} \tag{2-1}$$

则方案 i 的选择概率可表示为

$$\begin{aligned}P(i\mid C_n)=P\{U_{ni}\geqslant U_{nj},\forall j\neq i\}=\\ P(V_{ni}+\varepsilon_{ni}>V_{nj}+\varepsilon_{nj},\forall j\neq i)=\\ P(\varepsilon_{nj}-\varepsilon_{ni}<V_{ni}-V_{nj},\forall j\neq i)\end{aligned} \tag{2-2}$$

式(2-2)表明，由方案间效用差值确定的相对效用直接决定了方案选择概率的大小，而非绝对效用值。实际应用中，通常将一个任意选定方案效用随机项的方差归一化以确定模型的尺度参数，而将模型的未知参数设定为零。

效用确定项为属性向量的函数，常表示为带有常数项的线性函数：

$$V_{ni}=\boldsymbol{x}'_{ni}\boldsymbol{\beta}+k_i \tag{2-3}$$

其中：$\boldsymbol{x}_{ni}$ 为方案 i 的 L 维属性向量；$\boldsymbol{\beta}$ 为对应的 L 维参数向量；k_i 为方案 i 对应的固有常数，描述了全部模型解释变量对效用整体影响的平均值。对效用随机项 ε_{ni} 分布函数的不同假设最终决定选择模型的结构，其中以 Logit 模型和分层 Logit 模型为代表的 GEV 模型在出行行为分析领域的应用最为广泛。

2.2.3 GEV 模型

GEV 模型是备择方案随机效用联合分布服从广义极值分布的一大类模型，能够描述选择方案之间的多种相关关系。当各随机效用项间相关性为零时，广义极值分布退化为独立极值分布的乘积，GEV 模型实为标准 Logit 模型。

1. 多项 Logit 模型

假设公式中 $\varepsilon_{ni}(i=1,\cdots,J)$ 独立同分布于参数为(0,1)的 Gumbel 分布，即

$$f(\varepsilon_{ni})=\mathrm{e}^{-\varepsilon_{ni}}\mathrm{e}^{-\mathrm{e}^{-\varepsilon_{ni}}} \tag{2-4}$$

则效用随机项之差服从 Logistic 分布，且决策者 n 选择方案 i 的概率可表示为如下的多项 Logit 模型：

$$P_{ni}=\frac{\mathrm{e}^{V_{ni}}}{\sum_j \mathrm{e}^{V_{nj}}}=\frac{\mathrm{e}^{\boldsymbol{x}'_{ni}\boldsymbol{\beta}+k_i}}{\sum_j \mathrm{e}^{\boldsymbol{x}'_{nj}\boldsymbol{\beta}+k_j}} \tag{2-5}$$

式(2-5)表明，方案 i 的选择概率是可观测属性向量 $\boldsymbol{x}_{ni}$ 的函数，故属性变量 $x_{nil}(l=1,2,\cdots,L)$ 对方案 i 选择概率 P_{ni} 的边际效用为

$$\begin{aligned}\frac{\partial P_{ni}}{\partial x_{nil}}=\frac{\partial\left(\mathrm{e}^{V_{ni}}\Big/\sum_k \mathrm{e}^{V_{nk}}\right)}{\partial x_{nil}}=\\ \left(\mathrm{e}^{V_{ni}}\Big/\sum_k \mathrm{e}^{V_{nk}}\right)\left(\frac{\partial V_{ni}}{\partial x_{nil}}\right)-\left[\mathrm{e}^{V_{ni}}\Big/\left(\sum_k \mathrm{e}^{V_{nk}}\right)^2\right]\left(\mathrm{e}^{V_{ni}}\right)\left(\frac{\partial V_{ni}}{\partial x_{nil}}\right)=\\ \frac{\partial V_{ni}}{\partial x_{nil}}(P_{ni}-P_{ni}^2)=\end{aligned}$$

$$\beta_l P_{ni}(1-P_{ni}) \tag{2-6}$$

其中 β_l 为属性变量 x_{nil} 的参数。当 $P_{ni}=0.5$ 时公式取得最大值,此时方案有最大的不确定性。同理,可得属性变量 x_{nil} 对方案的边际效用为

$$\frac{\partial P_{nj}}{\partial x_{nil}}=\frac{\partial\left(\mathrm{e}^{V_{nj}}\Big/\sum_k \mathrm{e}^{V_{nk}}\right)}{\partial x_{nil}}=$$

$$-\left[\mathrm{e}^{V_{nj}}\Big/\left(\sum_k \mathrm{e}^{V_{nk}}\right)^2\right]\left(\mathrm{e}^{V_{ni}}\right)\left(\frac{\partial P_{ni}}{\partial x_{nil}}\right)=$$

$$-\frac{\partial P_{ni}}{\partial x_{nil}}P_{ni}P_{nj}=$$

$$\beta_l P_{ni}P_{nj} \tag{2-7}$$

多项 Logit 模型具有非相关方案相互独立的特性(Independence from Irrelevant Alternatives, IIA)。对任意两个选择方案 i 和 j,其选择概率的比值仅取决于方案 i 和 j 的效用确定项,而不受其他方案效用确定项的影响,即

$$\frac{P_{ni}}{P_{nj}}=\frac{\mathrm{e}^{V_{ni}}\Big/\sum_k \mathrm{e}^{V_{nk}}}{\mathrm{e}^{V_{nj}}\Big/\sum_k \mathrm{e}^{V_{nk}}}=\mathrm{e}^{V_{ni}}\Big/\mathrm{e}^{V_{nj}}=\mathrm{e}^{V_{ni}-V_{nj}} \tag{2-8}$$

假设可以利用的交通方式有小轿车、红色公共汽车和蓝色公共汽车 3 种,且对出行者 n 而言,选择 3 种方式的效用确定项取值相同,$V_{\text{car}}=V_{\text{red bus}}=V_{\text{blue bus}}=V$。由公式可知:

$$P_{\text{car}}=P_{\text{red bus}}=P_{\text{blue bus}}=\frac{\mathrm{e}^V}{\mathrm{e}^V+\mathrm{e}^V+\mathrm{e}^V}=\frac{1}{3} \tag{2-9}$$

实际上,对小汽车、红色和蓝色公共汽车的选择概率应当近似为 50%、25%、25%。由于红色公共汽车和蓝色公共汽车有着几乎完全相同的服务,其效用随机项有较强的相关性,此时 Logit 模型效用随机项相互独立假设导致的 IIA 特性造成了偏差。

2. 分层 Logit 模型

Logit 模型的 IIA 特性限制了其在效用随机项有显著相关性的选择问题中的应用。如果能够依据选择方案相似性程度的不同,将被择集划分为若干层次,则可以用分层 Logit 模型来解决 IIA 特性所带来的局限性。

假设选择方案集 C_n 可以被划分为 M 个互不重叠的子集 $S_1, S_2, \cdots, S_M$,即

$$C_n=S_1\cup S_2\cup\cdots\cup S_M \tag{2-10}$$

如果由效用随机项组成的向量 $\boldsymbol{\varepsilon}_n=<\varepsilon_{n1},\cdots,\varepsilon_{nJ}>$ 有如下分布函数:

$$\exp\left[-\sum_m\left(\sum_{i\in S_m}\mathrm{e}^{-\varepsilon_{ni}/\lambda_m}\right)^{\lambda_m}\right] \tag{2-11}$$

其中参数 λ_m 是尺度参数，表示同属于 m 层各方案效用随机项之间相互独立的程度，则由此可知，在分层 Logit 模型中，两个方案 $i \in S_m$ 和 $j \in S_n$ 的选择概率的比值仅取决于分层 S_m 和 S_n 中各方案选择效用的相对大小，而与其他分层 $S_d(d \neq m, d \neq n)$ 中的选择方案无关(Independence from Irrelevant Nest, IIN)，即

$$\frac{P_{ni}}{P_{nj}} = \frac{e^{V_{ni}/\lambda_m} \Big/ \left(\sum_{l \in S_m} e^{V_{nl}/\lambda_m}\right)^{\lambda_m - 1}}{e^{V_{nj}/\lambda_n} \Big/ \left(\sum_{k \in S_n} e^{V_{nk}/\lambda_n}\right)^{\lambda_n - 1}} \tag{2-12}$$

仍然假设可以利用的交通方式有小轿车、红色公共汽车和蓝色公共汽车 3 种，且对出行者 n 而言，选择 3 种方式的效用确定项取值相同，$V_{\text{car}} = V_{\text{red bus}} = V_{\text{blue bus}} = V$。用分层 Logit 模型来进行分析。将被择集 $C_n = \{\text{car, red bus, blue bus}\}$ 划分为两个层次 $S_1 = \{\text{car, bus}\}$ 和 $S_2 = \{\text{red bus, blue bus}\}$，$\lambda_1$ 和 λ_2 分别为对应于此两分层的尺度参数，则有

$$P_{\text{car}} = \frac{1}{1 + 2^{\frac{\lambda_1}{\lambda_2}}} \tag{2-13}$$

$$P_{\text{red bus}} = P_{\text{blue bus}} = \frac{1}{2} \cdot \frac{2^{\frac{\lambda_1}{\lambda_2}}}{1 + 2^{\frac{\lambda_1}{\lambda_2}}} \tag{2-14}$$

若将 λ_2 归一化为 1，则有

$$P_{\text{car}} = \frac{1}{1 + 2^{\lambda_1}} \tag{2-15}$$

$$P_{\text{red bus}} = P_{\text{blue bus}} = \frac{1}{2} \cdot \frac{2^{\lambda_1}}{1 + 2^{\lambda_1}} \tag{2-16}$$

当 $\lambda_1 = 1$ 时，分层 Logit 模型退化为 Logit 模型。

3. GEV 模型

令 $Y_j = \exp(V_j)$，G 是 Y_j 的函数，即 $G = G(Y_1, Y_2, \cdots, Y_J)$。将函数 G 对 Y_i 的偏导数记为 $G_i = \partial G / \partial Y_i$。当函数 G 满足一定条件时(详见参考文献[26])，$P_i = \frac{Y_i G_i}{G}$ 是满足效用最大化理论的离散选择模型的选择概率。可以证明，当 $G = \sum_{j=1}^{J} Y_j$ 时，对应 Logit 模型；当 $G = \sum_{l=1}^{M} \left(\sum_{j \in S_l} Y_j^{(1/\lambda_l)} \right)^{\lambda_l}$ 时，对应分层 Logit 模型。

2.2.4　Probit 模型和 Mixed Logit 模型

Logit 模型存在三个方面的局限性，即无法描述决策者的喜好随机性、IIA 属性对备择方案替代模式的限制、无法描述面板数据中不可观测影响因素的时间相关性。

GEV 模型仅能放宽 IIA 属性的限制，而 Probit 模型和 Mixed Logit 则同时解决了上述三方面的问题。

1. Probit 模型

Probit 模型假设由公式中 $\varepsilon_{ni}(i=1,2,\cdots,J)$ 组成的随机向量 $\boldsymbol{\varepsilon}'_n=<\varepsilon_{n1},\cdots,\varepsilon_{nJ}>$ 服从均值为 0、协方差矩阵为 $\boldsymbol{\Omega}$ 的正态分布，即

$$\phi(\boldsymbol{\varepsilon}_n)=\frac{1}{(2\pi)^{\frac{J}{2}}\left|\boldsymbol{\Omega}\right|^{\frac{1}{2}}}\exp\left(-\frac{1}{2}\boldsymbol{\varepsilon}'_n\boldsymbol{\Omega}^{-1}\boldsymbol{\varepsilon}_n\right) \tag{2-17}$$

则选择概率可由下式得到：

$$P_{ni}=\mathrm{Prob}(V_{ni}+\varepsilon_{ni}>V_{nj}+\varepsilon_{nj},\forall j\neq i)=\int_{\{\varepsilon_n \text{ s.t. } V_{ni}+\varepsilon_{ni}>V_{nj}+\varepsilon_{nj},\forall j\neq i\}}\phi(\boldsymbol{\varepsilon}_n)\mathrm{d}\boldsymbol{\varepsilon}_n \tag{2-18}$$

式(2-18)中：$\varphi(\cdot)$为正态分布概率密度函数。公式是一个 J 重积分，没有解析表达式，故多项 Probit 模型的参数需要通过仿真方法完成标定。

2. Mixed Logit 模型

Mixed Logit 模型结构非常灵活，解决了 Logit 模型存在的三方面局限性，其效用随机项不局限于正态分布，参数标定更为方便。对 Mixed Logit 模型的定义是基于选择概率的，任何一个 Mixed Logit 模型都具有以下选择概率：

$$P_{ni}=\int L_{ni}(\boldsymbol{\beta})f(\boldsymbol{\beta})\mathrm{d}\boldsymbol{\beta} \tag{2-19}$$

式(2-19)中：$f(\boldsymbol{\beta})$是概率密度函数，$L_{ni}(\boldsymbol{\beta})$是在参数向量 $\boldsymbol{\beta}$ 处的 Logit 模型选择概率，即

$$L_{ni}(\boldsymbol{\beta})=\frac{\mathrm{e}^{V_{ni}(\boldsymbol{\beta})}}{\sum_j \mathrm{e}^{V_{nj}(\boldsymbol{\beta})}} \tag{2-20}$$

若假设效用项 $V_{ni}(\boldsymbol{\beta})$是 $\boldsymbol{\beta}$ 的线性函数，则有

$$P_{ni}=\int\frac{\mathrm{e}^{V_{ni}(\boldsymbol{\beta})}}{\sum_j \mathrm{e}^{V_{nj}(\boldsymbol{\beta})}}f(\beta)\mathrm{d}\boldsymbol{\beta} \tag{2-21}$$

由式(2-21)可知，Mixed Logit 模型选择概率是 Logit 公式在 $\boldsymbol{\beta}$ 各不同取值处的加权平均，权重由概率密度 $f(\boldsymbol{\beta})$给出。Mixed Logit 模型参数标定也需要通过仿真方法得到。

2.2.5　混合选择模型

预测性选择模型强调选择行为的规律性，主要关注其中系统的、不变的特征。随着出行行为分析与经济学、行为学、心理学等学科交叉的深入，研究越来越重视通过选择行为的异质性和特殊特征来解构选择过程，重视认知过程及其对选择行为的影响。学者们对离散选择模型框架进行扩展，集成多类型离散选择建模方法，得到了如

图 2-1 所示的混合选择模型[27](Hybrid Choice Model，HCM)。HCM 模型通常由隐变量模型和选择模型共同组成，由于整合了隐变量，模型能很好地解释态度、信念、动机、记忆和决策方法等因素对出行选择行为的影响。参考文献[28]详细地介绍了 HCM 模型的设定和参数标定方法。

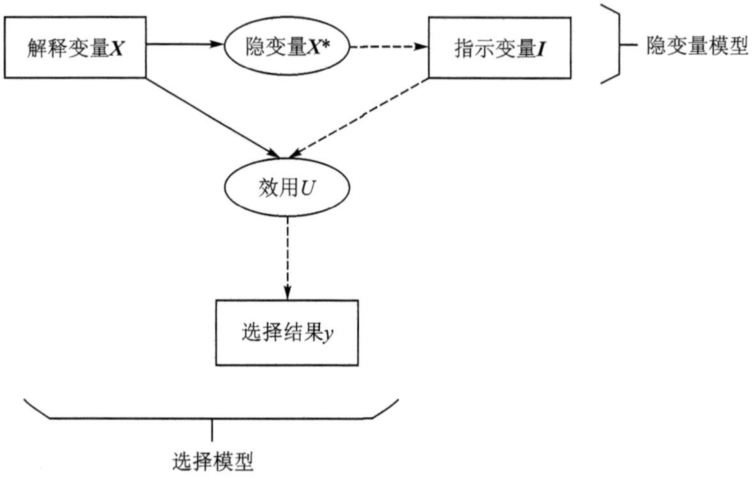

图 2-1　混合选择模型

2.3　基于风险的持续时间模型

基于风险的持续时间模型关注事件持续时间的终止，并将其表示为事件从开始以来经历时间的条件概率，能够描述持续时间的动态性。持续时间分析有两个重要特征：其一，数据都是截尾的；其二，影响事件持续时间的外部因素随着事件的推移而动态地发生变化。

模型假设事件非负持续时间 T 为随机变量，将时点 t 的连续时间尺度风险函数 $h(t)$ 定义为事件持续到时点 t 未结束，并将在 t 之后的无穷小时间区间 Δ 内结束的瞬时概率 $h(t)$ 定义为

$$h(t)=\lim_{\Delta\to 0^+}\frac{\Pr(t\leqslant T<t+\Delta\mid T>t)}{\Delta} \tag{2-22}$$

假设事件持续时间 T 的概率密度函数和概率分布函数分别为 $f(t)$ 和 $F(t)$，即

$$f(t)=\lim_{\Delta\to 0^+}\frac{P(t\leqslant T<t+\Delta)}{\Delta} \tag{2-23}$$

$$F(t)=P(T\leqslant t)=\int_0^t f(u)\mathrm{d}u \tag{2-24}$$

则事件在持续时间 t 之后在无穷小时间区间 Δ 上结束的概率为 $f(t)\Delta$，而事件至少持续时间 t 的概率为 $1-F(t)$，故 $h(t)$ 可表示为

$$h(t)=\frac{f(t)}{1-F(t)} \tag{2-25}$$

定义生存函数 $S(t)$ 为事件持续时间大于 t 的概率，即

$$S(t)=P(T>t)=1-F(t) \tag{2-26}$$

则风险率函数与概率密度函数、分布函数和生存函数之间有如下关系：

$$h(t)=\frac{f(t)}{S(t)}=\frac{\mathrm{d}F(t)/\mathrm{d}t}{S(t)}=\frac{-\mathrm{d}S(t)/\mathrm{d}t}{S(t)}=\frac{-\mathrm{d}\ln S(t)}{\mathrm{d}t} \tag{2-27}$$

持续时间模型用风险率函数和生存函数来描述事件的持续和发展过程。从式(2-27)可知，风险率函数是生存函数变化率的相反数，反映了事件持续过程的时间变化规律。风险函数的形状对持续时间的动态性有重要影响，通常有 3 种不同的形式：参数模型、半参数模型和非参数模型。

2.3.1　参数模型

可以通过两种形式将影响变量引入持续时间分析的参数模型，即比例风险和加速生存时间。第一种形式假设影响变量以乘数效应作用于基准风险率函数，而第二种形式则假设影响变量直接作用于持续时间。

比例风险(Proportional Hazard, PH)模型假设风险率函数可分解为以下形式：

$$h(t)=h_0(t)g_0(t)=h_0(t)\exp(-\boldsymbol{\beta}'\boldsymbol{X}) \tag{2-28}$$

式中：$h_0(t)$ 为基准风险率函数，描述了风险率对持续时间的依懒性；$g_0(t)$ 为影响变量的函数，描述了影响变量对风险率的作用；$\boldsymbol{\beta}$ 为参数向量，$\boldsymbol{X}$ 为属性向量。

假设比例风险模型中风险率可分解为时间依赖部分和属性变量影响部分之积，则具有不同属性的两个个体 i 和 j 的风险率之比不随时间而变：

$$\frac{h_i(t)}{h_j(t)}=\exp[\beta_1(x_{i1}-x_{j1})+\cdots+\beta_K(x_{iK}-x_{jK})] \tag{2-29}$$

假设基准风险率函数 $h_0(t)$ 服从不同的理论分布，则可以得到不同的模型形式。模型待估计参数包括理论分布的参数和影响变量对应的参数。影响变量参数是对数风险率的导数，可解释为对风险率的效用：

$$-\beta_k=\frac{\partial \ln h(t)}{\partial x_k} \tag{2-30}$$

由式(2-30)可知，模型中影响变量 x_k 每改变 1 单位，则风险率改变 $100(\mathrm{e}^{-\beta_k}-1)\%$。

加速失效时间(Accelerated Failure Time, AFT)模型是另一种参数模型形式，模型假设生存函数具有如下的形式：

$$S(t)=S_0[t\exp(-\boldsymbol{\beta}'\boldsymbol{X})] \tag{2-31}$$

式(2-31)中：S_0 为基准生存函数。

风险率函数为

$$h(t)=\frac{-\partial S(t)/\partial t}{S(t)}=h_0[t\exp(-\boldsymbol{\beta}'\boldsymbol{X})]\exp(-\boldsymbol{\beta}'\boldsymbol{X}) \tag{2-32}$$

AFT 模型可被表示为对数线性模型：

$$\ln t=\boldsymbol{\beta}'\boldsymbol{X}+\varepsilon \tag{2-33}$$

式(2-33)中由随机项 ε 的不同分布而得到不同的模型形式。由式(2-33)可知变量 x_k 的效用为

$$\beta_k=\frac{\partial \ln T}{\partial x_k} \tag{2-34}$$

持续时间的参数模型常假设基准风险率函数 $h_0(t)$ 服从指数、Weibull、log-logistic、Gompertz、log-normal、gamma、广义 gamma 分布等理论分布。参数模型在考虑时间依赖性的同时能够量化影响变量对风险函数的作用。

2.3.2 半参数模型

持续时间的半参数模型中应用较多的 Cox 比例风险模型具有式(2-28)的 PH 模型形式，但不对基准风险率 $h_0(t)$ 做任何理论分布假设，只关注描述属性变量影响的 $g_0(t)$，从而避免了基准风险理论分布错误假设对模型参数估计的影响。有研究表明，即使基准风险存在理论分布形式，非参数模型也能得到模型参数的一致估计，且由于未利用分布信息，该方法得到的参数估计值更有效[29]。Cox 比例风险模型的参数估计利用偏似然估计得到，参数估计过程中基准风险函数被视为多余参数从似然函数中剔除[30]。

和参数形式的比例风险模型一样，Cox 比例风险模型中两个个体 i 和 j 的风险率之比独立于持续时间 t，存在式(2-29)所示的比例关系，称为 Cox 模型的比例风险性。Cox 模型只有在满足这一性质的前提下拟合才是有效的。通常用 Schoenfeld 残差引入对 Cox 模型比例风险假设的检验。

2.3.3 非参数模型

非参数模型是持续时间数据的一种探索性数据分析，模型用 Kaplan-Meier 乘积限估计生存函数，不需要对理论分布作任何假设。用 $t_1<t_2<\cdots<t_n$ 表示 n 个个体的生存时间，生存函数在时间点 t_j 的 KM 估计被表示为条件生存比例之积：

$$S_{\mathrm{KM}}(t_j)=\prod_{k=1}^{j}\frac{r(t_k)-d(t_k)}{r(t_k)} \tag{2-35}$$

式(2-35)中：$S_{\mathrm{KM}}(t_j)$ 为生存函数在时间点 t_j 的 KM 估计；$r(t_k)$ 为持续时间不小于 t_k 的样本数；$d(t_k)$ 为持续时间等于 t_k 的样本数。

非参数模型提供了对风险率和生存函数的近似估计，能比较分类属性的影响，但无法描述影响变量的作用大小。

2.4 受限因变量模型

受限因变量模型从模型结构上可划分为两大类：第一类主要关注取值不连续的决策变量，例如外出活动次数的序数性、未参与外出活动而导致外出活动时间为 0；第二类用于研究离散取值决策变量与另一决策变量（连续、分类、序数变量）之间的相互关系，例如出行方式与出行链模式之间的相互关系。在出行行为分析领域，以第二类离散-非离散模型系统中的离散-连续变量、离散-分类变量（离散-序数变量）模型应用最为广泛。

根据离散选择模型备择方案个数可以将离散-连续选择模型区分为二元选择和多项选择，受限于模型标定的难度，研究中大都用二元 Logit 模型和 MNL 模型来描述离散决策变量。可以通过有限信息（两阶段）极大似然法[31]或采用 Lee 提出的积分变换结果用全信息极大似然法完成模型参数标定[32]。离散-分类变量（离散-序数变量）模型也通常按选择模型方案个数区分为二元选择和多项选择，对模型系统中离散变量和分类变量子模型结构的选择主要考虑模型系统的设定和模型参数标定的难度[33]。

第 3 章　出行方式选择行为

不同出行方式在出行速度、舒适性、私密性、出行距离和时间、费用方面的特点使其适用于不同的出行情景，满足不同的出行需求，在各自的优势范围内发挥作用，并组合在一起构成整个城市区域的出行方式结构，影响到居民日常出行时空分布特征、道路资源的利用效率以及城市区域的各种用地数量和空间分布情况。对出行方式选择的分析是出行行为研究的重要课题，其预测结果直接关系到交通规划和政策制定的有效性。

3.1　出行方式选择的个体差异

出行方式选择模型在出行需求预测和管理中发挥着重要作用，不少学者在这方面进行了大量的研究。已有研究在对方式选择集的处理、模型参数设定、预测结果分析等方面还有进一步完善的空间。

以某市居民出行调查数据库为数据来源，从被调查者上下班通勤出行记录中识别出步行、普通自行车、电动自行车、公共交通（包括公共汽车和地铁）、小汽车等 5 种主要交通方式。其中，步行和普通自行车同为非机动出行方式。用式（2 - 5）中的多项 Logit 模型构建样本的通勤出行方式选择模型，参数标定结果如表 3 - 1 所列。

表 3 - 1　方式选择多项 Logit 模型参数标定结果

变量名		模型Ⅰ		模型Ⅱ	
		参数值	t 值	参数值	t 值
自行车方式选择效用	选择方案固有常数	−0.809	−8.448	1.320	10.621
	P1（哑元，1：有驾照，无小汽车）	−0.158	−1.314	−0.182	−2.132
	P2（哑元，1：无驾照，有小汽车）	−0.463	−1.503	—	—
	P3（哑元，1：有驾照，有小汽车）	−0.135	−1.182	−1.101	−8.550
	Bike1（无机动车家庭自行车数/辆）	0.937	29.579	0.554	14.030
	Bike2（有机动车家庭自行车数/辆）	0.659	17.419	0.460	9.908
	Inc1（哑元，1：家庭月收入≤2 500 元）	0.616	8.247	0.702	7.443
	Subh（哑元，1：通勤途中有非工作出行）	−1.071	−14.070	0.322	2.763
	Hwh（哑元，1：工作途中有回家出行）	0.677	4.264	0.395	1.962
	Yp（哑元，1：持有公交月票）	−0.317	−3.216	−0.471	−2.639
	Short（哑元，1：通勤距离≤1.5 km）	—	—	−4.290	−42.699

续表 3-1

变量名		模型Ⅰ		模型Ⅱ	
		参数值	*t* 值	参数值	*t* 值
助动（摩托）车方式选择效用	选择方案固有常数	−2.191	−18.032	1.825	15.292
	Ebike1（家中电动自行车数/辆）	3.482	27.295	—	—
	Ebike2（哑元，1：家中有电动车）	—	—	−0.535	−2.816
	Male（哑元，1：出行者为男性）	0.545	4.269	0.797	5.051
	Subh	−1.804	−6.963	1.221	3.510
	Hwh	1.443	5.400	0.929	4.153
	Inc2（哑元，1：家庭月收入 2 500～5 500 元）	0.401	3.154	0.394	2.295
公共交通方式选择效用	选择方案固有常数	−1.241	−8.964	−1.648	−10.715
	Age（年龄，周岁）	−0.033	−10.759	−0.035	−10.228
	P2	0.088	0.808	−0.353	−6.767
	P3	−0.174	−1.689	−0.553	−4.646
	Yp	2.579	27.865	2.425	14.568
	Subh	−3.290	−8.997	−2.373	−6.101
	Hwh	−1.513	−8.169	−1.595	−8.517
	Cdis（通勤出行距离/km）	−0.241	−6.437	0.615	54.534
	Early（哑元，1：早于 7:00 出发）	—	—	0.444	6.477
小汽车方式选择效用	选择方案固有常数	−4.201	−23.333	−4.197	−23.860
	Age	−0.021	−5.625	−0.022	−5.439
	Male	0.873	13.217	0.900	13.371
	P2	1.991	15.293	1.865	18.367
	P3	4.137	39.305	3.743	30.810
	Yp	−0.382	−2.665	−0.512	−2.581
	Subh	−1.549	−7.172	−1.572	−4.442
	Inc1	−0.205	−2.142	−0.244	−2.466
	Inc2	−0.123	−2.121	−0.160	−2.071
	Cdis	0.452	42.945	0.615	54.534
N =17 611（样本量）					
LL(**0**)（0 模型对数似然函数）		−28 100.786		−21 960.443	
LL(***c***)（常数项模型对数似然函数）		−24 166.413		−20 284.696	
LL(***β***)（标定后模型对数似然函数）		−12 956.641		−7 740.367	
ρ_0^2		0.539		0.648	
ρ_c^2		0.464		0.618	

其中，模型Ⅰ和模型Ⅱ对选择集的处理方式不同。模型Ⅰ采用固定选择集，对所有样本均由 5 种方式构成；模型Ⅱ中选择集可变，样本交通工具拥有情况决定自行车和电动车方式是否可选。

随着家庭小汽车拥有水平的提高，小汽车通勤方式已成为公共交通最有力的竞争对手。为了分析不同出行群体对小汽车和公共交通方式的选择情况，出行者被划分为 4 类：P0 类为没有驾照，家中也没有小汽车；另外 3 类 P1、P2、P3 的定义如表 3－1 所列。模型Ⅱ中后 3 类出行者在自行车选择效用中参数为负，且绝对值递增。这表明，相对于基准类 P0，这 3 类出行者更倾向于选择机动出行方式。在公共交通选择效用中，出行者群体 P2、P3 的参数为负，且绝对值递增，表明家庭小汽车降低了通勤者选择公共交通的效用。在有小汽车的家庭中，没有驾照的成员只能乘坐而不能单独使用小汽车，在小汽车方式选择上受到一定限制，因而其选择公共交通出行的效用较有驾照的成员高。在小汽车选择效用中，出行者群体 P2、P3 的参数为正，且取值递增，说明有小汽车家庭的通勤者小汽车方式选择效用较高，而有驾照成员又较无驾照成员更高。前述分析表明，虽然不拥有小汽车，但有驾驶知识的成员会更倾向于机动方式出行；在没有驾照的通勤者中，有小汽车的可能对出行舒适性和私密性有更高要求，而倾向于乘坐小汽车。

选择集中不可选方案的显式和隐式表示对模型预测结果有显著影响。显式表示的选择集（如模型Ⅱ），一方面将不可选方案直接从选择集中删除，根据家庭拥有交通工具的制约，将自行车和电动车方式从没有这两种交通工具的通勤者出行方式选择集中剔出；同时，根据样本中步行和自行车通勤样本的出行距离并作一定扩大，限定这两种方式的出行距离分别在 8 km 和 30 km 以内，否则步行和自行车方式不可选。另一方面，在模型中引入交通工具拥有情况、出行距离变量，进一步影响选择效用。隐式表示的选择集（如模型Ⅰ），不直接删除不可选的方案，只通过出行者交通工具拥有情况、出行距离等变量间接影响选择概率。出行方式选择 MNL 模型为选择集中的每个方案分配一个正的选择概率，当选择集中有不可选方案时，模型将会过低估计可选方案的选择概率，使模型存在系统误差，得到错误结果。

比较表 3－1 中模型Ⅰ和模型Ⅱ的预测结果可知，模型Ⅰ低估了各种方式的固有常数；模型Ⅰ中与出行者群体和交通工具数量相关的参数都大于模型Ⅱ中对应参数，过高估计了拥有某类交通工具的通勤者对相应交通方式的选择概率；通勤出行距离对公共交通的影响为负，表明通勤者选择公共交通的效用会随着通勤距离的增加而下降，与实际情况不符。此外，模型Ⅰ参数的统计量较模型Ⅱ有一定波动，模型似然函数值和拟合优度指标也不及模型Ⅱ。

3.2　后悔理论视角下的出行方式选择行为

基于随机效用最大化（RUM）准则的离散选择模型体系是出行行为研究的主导范式。然而，效用最大化的行为假设在真实性和实践检验中都受到质疑。有学者摒弃效用最大化假设，在基于不同准则的选择行为方面展开了研究[34-37]。其中，Chorus 等[38]从后悔理论出发，从属性和层面对后悔值进行定义，提出了基于随机后悔值最小理论(RRM)的离散选择模型建模方法,并重点分析了基于 RRM 理论的多项 Logit 模型(RRM－MNL)。

3.2.1　RRM－MNL 模型

假设决策者 n 的可选方案集中包含 I 种不同方案,其中任意一种方案 i 都可以用 M 个属性 $x_{n,im}$ 来描述。RRM 模型假设决策者从 I 种方案中选择一种决策目标使得随机后悔值最小。选择方案 i 所产生的随机后悔值为 RR_{ni},由确定项 R_{ni} 和独立同分布的随机项 ε_{ni} 两部分组成:

$$\mathrm{RR}_{ni}=R_{ni}+\varepsilon_{ni} \tag{3-1}$$

确定项 R_{ni} 是方案 i 与方案 $j(j\neq i)$就各属性值两两比较所得后悔值的总和:

$$R_{ni}=\sum_{\substack{j=1\\ j\neq i}}^{I}\sum_{m=1}^{M}R_{n,i\leftrightarrow j}^{m}=\sum_{\substack{j=1\\ j\neq i}}^{I}\sum_{m=1}^{M}\ln\{1+\exp[\beta_m(x_{n,jm}-x_{n,im})]\} \tag{3-2}$$

式(3－2)中:$R_{n,i\leftrightarrow j}^{m}$ 是方案 i 与方案 j 在属性 m 上的比较结果给决策者 n 带来的属性层面的后悔值;$x_{n,im}$ 和 $x_{n,jm}$ 分别是方案 i 和方案 j 的属性 m 取值;β_m 为对应的模型参数。公式表明,当方案 j 的属性 m 取值远低于方案 i 时,属性后悔值 $R_{n,i\leftrightarrow j}^{m}$ 趋于零;而当方案 j 的属性 m 取值高于方案 i 时,属性后悔值 $R_{n,i\leftrightarrow j}^{m}$ 近似于属性差值的线性函数,而参数 β_m 则近似于属性后悔值 $R_{n,i\leftrightarrow j}^{m}$ 的斜率。

最小化随机后悔值 $\mathrm{RR}_{ni}(i=1,2,\cdots,I)$等价于最大化其相反数。假设 $\varepsilon_{ni}(i=1,2,\cdots,I)$独立同分布于参数为(0,1)的 Gumbel 分布,则决策者 n 选择方案 i 的概率可表示为如下 RRM－MNL 模型[38]:

$$\begin{aligned}P_{ni}&=P(\mathrm{RR}_{ni}<\mathrm{RR}_{nj},\forall j\neq i)=\\&P(-\mathrm{RR}_{ni}>-\mathrm{RR}_{nj},\forall j\neq i)=\\&P(-R_{ni}-\varepsilon_{ni}>-R_{nj}-\varepsilon_{nj},\forall j\neq i)=\\&\frac{\exp(-R_{ni})}{\sum_{j=1}^{I}\exp(-R_{ni})}\end{aligned} \tag{3-3}$$

由式(3－3)可知,在 RRM－MNL 模型中,方案 i 和方案 $j(j\neq i)$的选择概率之比不仅与方案 i 和方案 j 的属性差值有关,还与方案 i 和方案 $k(k\neq i,j)$的属性差值有关,克服了 RUM－MNL 模型的 IIA 局限性[38]。

3.2.2　模型应用

以某两市间的城际出行调查数据为数据来源,研究被调查者出行方式选择行为。样本共有 210 个出行者,可选交通方式包括飞机、火车、长途汽车和私家小汽车共 4 种。样本的出行方式分担率如表 3－2 所列。

表 3-2　样本方式分担率(样本量 210 人次)

出行方式	分担率/%
飞机 (Air)	30.10
火车 (Train)	28.61
长途汽车 (Bus)	27.00
私家小汽车 (Car)	14.29
合　计	100.00

将式(3-3)用于样本数据,建立居民出行方式选择的 RRM-MNL 模型,模型变量定义如表 3-3 所列。后悔值函数设置如式(3-4)~式(3-7)所列。

$$R_{n,\text{Air}}=\beta_{\text{Air}}+\beta_{\text{Hinc}}\text{Hinc}_n+\sum_{\substack{i=\text{Train},\\ \text{Bus},\text{Car}}}\left\{\begin{array}{l}\ln\left(1+\exp[\beta_{\text{Invt}}(\text{Invt}_{n,i}-\text{Invt}_{n,\text{Air}})]\right)+\\ \ln\left(1+\exp[\beta_{\text{Invc}}(\text{Invc}_{n,i}-\text{Invc}_{n,\text{Air}})]\right)+\\ \ln\left(1+\exp[\beta_{\text{Ttme}}(\text{Ttme}_{n,i}-\text{Ttme}_{n,\text{Air}})]\right)\end{array}\right\} \tag{3-4}$$

$$R_{n,\text{Train}}=\beta_{\text{Train}}+\sum_{\substack{i=\text{Air},\\ \text{Bus},\text{Car}}}\left\{\begin{array}{l}\ln\left(1+\exp[\beta_{\text{Invt}}(\text{Invt}_{n,i}-\text{Invt}_{n,\text{Train}})]\right)+\\ \ln\left(1+\exp[\beta_{\text{Invc}}(\text{Invc}_{n,i}-\text{Invc}_{n,\text{Train}})]\right)+\\ \ln\left(1+\exp[\beta_{\text{Ttme}}(\text{Ttme}_{n,i}-\text{Ttme}_{n,\text{Train}})]\right)\end{array}\right\} \tag{3-5}$$

$$R_{n,\text{Bus}}=\beta_{\text{Bus}}+\sum_{\substack{i=\text{Air},\\ \text{Train},\text{Car}}}\left\{\begin{array}{l}\ln\left(1+\exp[\beta_{\text{Invt}}(\text{Invt}_{n,i}-\text{Invt}_{n,\text{Bus}})]\right)+\\ \ln\left(1+\exp[\beta_{\text{Invc}}(\text{Invc}_{n,i}-\text{Invc}_{n,\text{Bus}})]\right)+\\ \ln\left(1+\exp[\beta_{\text{Ttme}}(\text{Ttme}_{n,i}-\text{Ttme}_{n,\text{Bus}})]\right)\end{array}\right\} \tag{3-6}$$

$$R_{n,\text{Car}}=\sum_{\substack{i=\text{Air},\\ \text{Train},\text{Bus}}}\left\{\begin{array}{l}\ln\left(1+\exp[\beta_{\text{Invt}}(\text{Invt}_{n,i}-\text{Invt}_{n,\text{Car}})]\right)+\\ \ln\left(1+\exp[\beta_{\text{Invc}}(\text{Invc}_{n,i}-\text{Invc}_{n,\text{Car}})]\right)+\\ \ln\left(1+\exp[\beta_{\text{Ttme}}(\text{Ttme}_{n,i}-\text{Ttme}_{n,\text{Car}})]\right)\end{array}\right\} \tag{3-7}$$

表 3-3 给出了 RRM-MNL 模型的标定结果,并与基于公式的 RUM-MNL 模

型(基于随机效用最大化)进行了比较。模型 AIC 信息指标表明 RRM 模型较 RUM 模型对数据的拟合程度好。

表 3－3　方式选择模型参数标定结果

变量名	变量属性及定义	RUM 模型		RRM 模型	
		参数估计值	t 统计量	参数估计值	t 统计量
Air	方案 Air 固有常数	3.926	3.907	−2.470	−8.233
Train	方案 Train 固有常数	3.871	8.255	−1.948	−6.115
Bus	方案 Bus 固有常数	3.244	7.077	−1.484	−2.103
Ttime	选择方案公共变量 等待时间/min	−0.095 8	−9.278	−0.036 0	−8.847
Invt	选择方案公共变量 出行时间/min	−0.004 09	−4.748	−0.004 28	−6.445
Invc	选择方案公共变量 出行费用/元	−0.012 8	−2.015	−0.010 6	−2.686
Hinc	方案 Air 固有变量 家庭月收入/千元	0.016 5	2.544	−0.018 8	−2.179
N=210 (样本量)					
LL(**0**) (0 模型对数似然函数)		−291.122			
LL(**β**) (标定后模型对数似然函数)		−162.617		−159.976	
AIC 信息准则		1.682		1.590	

图 3－1 给出了样本基于 RRM－MNL 和 RUM－MNL 模型的选择概率分布情况。其中图(a)为两模型选择概率差的绝对值的分布情况,图(b)为模型各自选择概率的分布图。从图可知,RRM－MNL 模型分布更集中、峰值更大,表现出模型选择概率较小的异方差性,且与 RUM－MNL 模型有显著的差异。模型变量弹性的比较结果如表 3－4 所列,也表现出显著的差异。以上车(机)前的等待时间 Ttme 为例。在两个模型中 Ttme 对飞机、火车和长途汽车选择概率都具有弹性,且在 RRM 模型中其 3 种方式的弹性值分别较 RUM 模型低 7.30%、13.14%和 7.70%。这表明,对于同一属性变量,遵循最小后悔值决策准则和遵循最大效用准则的出行者有出行不同的选择偏好,最终会表现出不同的选择行为。假设长途汽车运营商调整运营效率后,车内出行时间较原来降低了 5%,由 RUM 模型预测得到出行者对长途汽车选择概率的增加值为 9.26%,而由 RRM 模型得到预测结果为 8.76%。可见,相比于效用最大化决策者,当出行者考虑到所选方案可能在某些属性上不及选择集中其他方案时,可能会缩小自己对长途公共汽车车内出行时间的行为反应强度。因此,在进行出行需求预测和交通管理策略的制定工作时,应当充分考虑到效用最大化决策者与后悔值最小化决策者在选择行为上的差异性。同理,可分析其他模型变量对出行方式选择行为的影响及其对交通管理工作的意义。

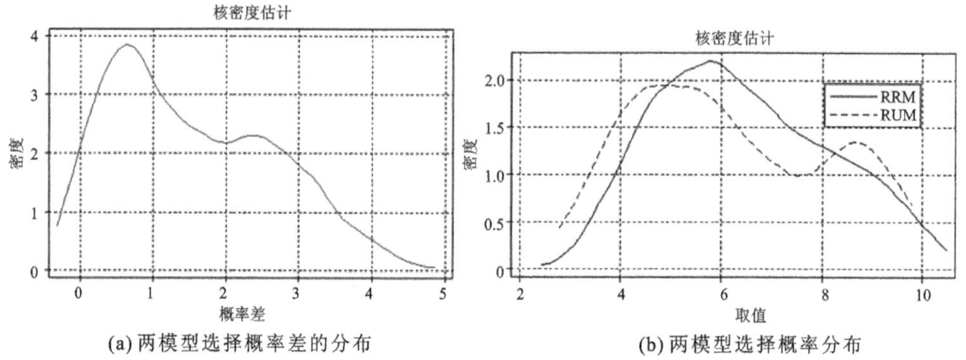

图 3-1 RRM-MNL 和 RUM-MNL 模型的概率分布图

表 3-4 模型变量直接弹性

模型变量	RUM-MNL 模型				RRM-MNL 模型			
	飞机	火车	长途汽车	小汽车	飞机	火车	长途汽车	小汽车
Ttme	−4.592	−2.656	−3.611	0	−4.257	−2.307	−3.333	0
Invt	−0.389	−1.852	−2.217	−1.73	−0.408	−1.752	−2.279	−1.923
Invc	−0.766	−0.504	−0.367	−0.205	−0.659	−0.465	−0.252	−0.195

3.2.3 模型属性

RRM-MNL 模型对各属性取中间值方案的选择概率估计值高于在一些属性上取值高而在另一些属性上取值低的方案的选择概率，表现出在消费者选择行为中常见的折衷效应[38]。图 3-2 描述了在如下选择过程中的折衷效应：选择集由 3 个方案 A、B、C 组成，影响决策结果的两个方案属性强度相同 $\beta_1=\beta_2$，各方案属性值为 $A=\{1,3\}$，$B=\{2+\Delta,2-\Delta\}$，$C=\{3,1\}$。当 $\Delta=0$ 时，方案 B 的选择概率大于方案

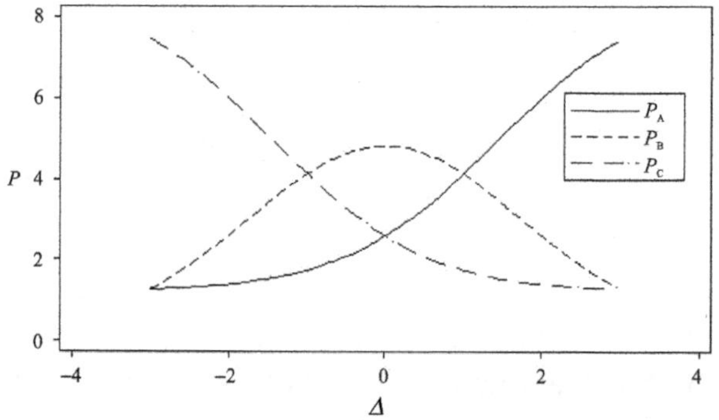

图 3-2 RRM-MNL 模型折衷效应

A 和 C,而成为折衷方案。

假设属性 l 和属性 m 对选择决策的影响同等重要,在 RUM - MNL 模型效用函数中的影响系数为 a,在 RRM - MNL 模型属性后悔值中的影响系数为 b。RUM - MNL 模型中,效用函数的先行可加性决定了选择方案在属性 l 上的一单位降低对选择概率造成的影响,可以完全由属性 m 上的一单位增加量所弥补,表现出完全补偿性的决策过程。因此,参数 γ_m 衡量了属性 m 对选择概率的贡献。

对于 RRM - MNL 模型,属性后悔值考察的是两个方案的属性差值。选择方案在属性 l 上的一单位降低对选择概率的影响,不一定能完全由属性 m 上的一单位增加量所弥补,还与各备选方案在属性 l 和属性 m 上取值的相对大小有关,表现出部分补偿性的决策过程。假设方案 i 在属性 l 上优于选择集中其他方案 $j(j\neq i)$,而在属性 m 上较其他方案差。显然,方案 i 在属性 l 取值上一单位的降低所带来的后悔值的增加量,远远低于在属性 m 上一单位增加值所带来后悔值的减少量。因此,模型参数 β_m 只能部分反映属性 m 对选择概率的贡献。可见,RRM - MNL 与 RUM - MNL 模型参数的含义存在本质的差异。

由式(3 - 2)可得属性 m 对选择概率 P_{ni} 的直接弹性为

$$E_{x_{n,im}}^{P_{ni}}=\frac{\partial P_{ni}}{P_{ni}}\bigg/\frac{\partial x_{n,im}}{x_{n,im}}=\frac{\partial P_{ni}}{\partial x_{n,im}}\frac{x_{n,im}}{P_{ni}}=\frac{\partial \ln P_{ni}}{\partial x_{n,im}}x_{n,im}=$$
$$\beta_m\left[\sum_{I}P_{nj}q(i,j,m)+(1-P_{ni})\sum_{\substack{l=1\\l\neq i}}^{I}q(l,i,m)\right] \tag{3-8}$$

3.3　出行链-出行方式相互影响

城市交通网络是一个复杂的综合网络,一个出行链可能涉及多种交通方式。与带来众多负效应的小汽车出行相比,多方式出行是一种对环境影响小的可持续城市交通发展模式,正逐步得到重视。然而,研究发现,一方面,多方式出行在复杂出行链中比例较低,出行链的复杂化有阻碍多方式出行的推广、加剧出行对小汽车等私有交通工具依赖程度的趋势;另一方面,私有交通工具刺激出行者将相关联的多个活动安排在一个复杂出行链中,以便有效地利用有限的时间资源。对通勤者而言,复杂出行链意味着原本安排在其他时段的非工作活动被安排到通勤途中,导致高峰时段的出行需求上升、交通拥堵加剧。

3.3.1　出行方式与出行链

按中途活动地点的多少将出行链划分为简单和复杂两类。仅有一个中途活动地点的为简单出行链,涉及一个以上活动地点的为复杂出行链。包含工作及其相关出行的为工作出行链。多方式出行是指涉及至少一次换乘(包括相同交通工具间换乘)的出行行为[39]。若构成出行链的某次出行是多方式的,则该出行链为多方式出行链。

出行链复杂程度选择可用 Binary Logit（BL）或 Binary Probit（BP）模型进行分析，而出行链是否含有多方式出行的二元选择同样可用 BL 和 BP 模型来分析。因此，出行链复杂程度和出行链是否选择多方式出行之间的相互作用就转化成了 2 个二元离散选择变量之间的相互影响。通过在 BP 模型中加入表示相互影响的哑元变量得到的递归联立离散选择模型（Recursive Simultaneous Bivariate Probit ，RSBP），可以避免使用 BL、BP 和 NL 模型的局限性[40,41]，能够很好地满足对出行链复杂程度和多方式出行选择之间相互影响模式的研究需要。

3.3.2 RSBP 模型

假设 M 和 CH 分别为通勤出行方式和通勤出行链复杂程度二元离散选择变量，取值 1 表示采用公共交通方式通勤和通勤出行链为复杂出行链，取值 0 表示采用非公交方式通勤和通勤出行链为简单出行链，则可用如下的模型研究 M 和 CH 之间的相互影响：

$$\begin{cases} M_q^* = \boldsymbol{\gamma}'\boldsymbol{Z}_q + \alpha \mathrm{CH}_q + \varepsilon_q \\ \mathrm{CH}_q^* = \boldsymbol{\beta}'\boldsymbol{X}_q + \eta M_q + \omega_q \end{cases} \tag{3-9}$$

式(3-9)中：$q(q=1,2,\cdots,Q)$为出行链编号；M_q^* 为出行链 q 方式选择对应效用因变量；CH_q^* 为出行链 q 复杂程度选择对应效用因变量；M_q 为出行链 q 方式选择结果变量，$M_q = \begin{cases} 1, & M_q^* \geqslant 0 \\ 0, & M_q^* < 0 \end{cases}$；$\mathrm{CH}_q$ 为出行链 q 复杂程度选择结果变量，$\mathrm{CH}_q = \begin{cases} 1, & \mathrm{CH}_q^* \geqslant 0 \\ 0, & \mathrm{CH}_q^* < 0 \end{cases}$；$\boldsymbol{\gamma}$、$\boldsymbol{\beta}$ 为模型待估计参数向量；α、η 为模型待估计参数；$\boldsymbol{Z}_q$、$\boldsymbol{X}_q$ 为模型解释向量；ε_q、ω_q 为随机误差项。若假设 ε_q、ω_q 服从标准二元正态分布 $N_2(0,0,1,1,\rho)$，则得到 RSBP 模型。

选择结果变量 M_q 和 CH_q 有 4 种可能组合，从以下公式可得到通勤出行链为简单的非公共交通方式、简单的公共交通方式、复杂的非公共交通方式、复杂的公共交通方式时的选择概率 $P_{q,00}$、$P_{q,10}$、$P_{q,01}$、$P_{q,11}$：

$$P_{q,00} = \mathrm{Prob}(M_q = 0, \mathrm{CH}_q = 0) = \Phi_2[-\boldsymbol{\gamma}'\boldsymbol{Z}_q, -\boldsymbol{\beta}'\boldsymbol{X}_q, \rho] \tag{3-10}$$

$$P_{q,10} = \mathrm{Prob}(M_q = 1, \mathrm{CH}_q = 0) = \Phi[-(\boldsymbol{\beta}'\boldsymbol{X}_q + \eta)] - \Phi_2[-\boldsymbol{\gamma}'\boldsymbol{Z}_q, -(\boldsymbol{\beta}'\boldsymbol{X}_q + \eta), \rho] \tag{3-11}$$

$$P_{q,01} = \mathrm{Prob}(M_q = 0, \mathrm{CH}_q = 1) = \Phi[-(\boldsymbol{\gamma}'\boldsymbol{Z}_q + \alpha)] - \Phi_2[-(\boldsymbol{\gamma}'\boldsymbol{Z}_q + \alpha), -\boldsymbol{\beta}'\boldsymbol{X}_q, \rho] \tag{3-12}$$

$$P_{q,11} = \mathrm{Prob}(M_q = 1, \mathrm{CH}_q = 1) = 1 - \Phi[-(\boldsymbol{\gamma}'\boldsymbol{Z}_q + \alpha)] - \Phi[-(\boldsymbol{\beta}'\boldsymbol{X}_q + \eta)] + \Phi_2[-(\boldsymbol{\gamma}'\boldsymbol{Z}_q + \alpha), -(\boldsymbol{\beta}'\boldsymbol{X}_q + \eta), \rho] \tag{3-13}$$

式中：$\Phi(\cdot)$为一元标准正态随机变量概率分布函数；$\Phi_2(\cdot)$为二元标准正态随机变量 $N_2(0,0,1,1,\rho)$概率分布函数。由概率的定义，上述 4 个选择概率之和恒等于 1，有

$$\Phi_2[-\boldsymbol{\gamma}'\boldsymbol{Z}_q,-\boldsymbol{\beta}'\boldsymbol{X}_q,\rho]+\Phi_2[-(\boldsymbol{\gamma}'\boldsymbol{Z}_q+\alpha),-(\boldsymbol{\beta}'\boldsymbol{X}_q+\eta),\rho]=$$
$$\Phi_2[-\boldsymbol{\gamma}'\boldsymbol{Z}_q,-(\boldsymbol{\beta}'\boldsymbol{X}_q+\eta),\rho]+\Phi_2[-(\boldsymbol{\gamma}'\boldsymbol{Z}_q+\alpha),-\boldsymbol{\beta}'\boldsymbol{X}_q,\rho] \quad (3-14)$$

式(3－14)当且仅当 $\alpha=0$ 或 $\eta=0$ 时成立，是模型的逻辑一致性条件[42]，分别与出行链复杂程度和出行方式选择间的两种相互影响模式相对应。

(1) $\alpha=0$ 且 $\eta\neq0$(Chain→Mode)

此时式(3－9)简化为

$$\begin{cases} M_q^* = \boldsymbol{\gamma}'\boldsymbol{Z}_q+\varepsilon_q \\ \mathrm{CH}_q^* = \boldsymbol{\beta}'\boldsymbol{X}_q+\eta M_q+\omega_q \end{cases} \quad (3-15)$$

出行链方式选择首先由式(3－15)中第 1 个方程的函数关系确定，然后以哑变量 M_q 的形式进入第 2 个方程，直接对出行链复杂度选择产生影响。

(2) $\alpha\neq0$ 且 $\eta=0$(Mode→Chain)

此时式(3－9)简化为

$$\begin{cases} M_q^* = \boldsymbol{\gamma}'\boldsymbol{Z}_q+\alpha\mathrm{CH}_q+\varepsilon_q \\ \mathrm{CH}_q^* = \boldsymbol{\beta}'\boldsymbol{X}_q+\omega_q \end{cases} \quad (3-16)$$

通勤出行链复杂程度的选择首先由模型式(3－16)中第二个方程的函数关系确定，然后以哑变量 CH_q 的形式进入前一个方程，直接对通勤出行方式选择产生影响。

令 $\mu_q=2M_q-1,\tau_q=2\mathrm{CH}_q-1$，可得模型和的似然函数分别为和：

$$L_1=\prod_{q=1}^{Q}\{\Phi_2[\mu_q\boldsymbol{\gamma}'\boldsymbol{Z}_q,\tau_q(\boldsymbol{\beta}'\boldsymbol{X}_q+\eta M_q),\mu_q\tau_q\rho]\} \quad (3-17)$$

$$L_2=\prod_{q=1}^{Q}\{\Phi_2[\mu_q(\boldsymbol{\gamma}'\boldsymbol{Z}_q+\alpha\mathrm{CH}_q),\tau_q\boldsymbol{\beta}'\boldsymbol{X}_q,\mu_q\tau_q\rho]\} \quad (3-18)$$

由极大化似然函数和即可得对应模型参数的一致估计[43,44]。

3.3.3　模型应用

建模数据来自某直辖市居民出行调查数据库，将式(3－17)、式(3－18)公式和分别应用于工作出行链基础数据库，建立方式选择-出行链复杂程度和出行链复杂程度-出行方式选择影响模式模型。模型参数标定结果如表 3－5 所列。从表中可知，模型 Mode→Chain 和 Chain→Mode 的参数估计符号相同、取值大小接近，而模型 Chain→Mode 的对数似然函数和似然比指标略高，为正确地描述通勤出行链结构和通勤方式选择间相互作用的方向和大小，引入模型非分层检验。Ben－Akiva[45] 等提出了调整后似然比的概念，并定义了相应的统计量：

$$\mathrm{Prob}(\bar{\rho}_2^2-\bar{\rho}_1^2>z)\leqslant\Phi\{-[-2z\mathrm{LL}(0)+(K_2-K_1)]^{\frac{1}{2}}\},\quad z>0 \quad (3-19)$$

式(3－19)中：$\bar{\rho}_i^2$ 为模型 i 的调整后似然比，$\bar{\rho}_i^2=1-\frac{\mathrm{LL}(\boldsymbol{\beta})-K_i}{\mathrm{LL}(0)}\Big|_{\text{模型}i}$；$K_i$ 为模型 i 中待估计的参数个数。若公式成立，则模型 1 的设定较模型 2 更能反映数据的实际情况。将表 3－5 中两模型 $\bar{\rho}^2$ 值代入式(3－19)可知，模型 Chain→Mode 较模型 Mode→Chain 更能反映通勤出行链复杂程度和通勤出行方式选择间的相互作用关系。这表明，大多数通勤者在活动和出行决策时，首先考虑非工作活动与工作出行的时间和空间联系，形成或简单或复杂的通勤出行链，然后在出行链组成结构的影响和约束下考虑完成通勤出行链的方式选择，决定是否选择公交出行。下面重点分析模型 Chain→Mode 的参数标定结果。

模型中表示通勤方式选择的方程 1 表明：相对于其他出行方式，年轻出行者较年老出行者选择公交方式的概率更大，主要是因为上下班高峰时段的公交方式非常拥挤，受体力和精力的限制，年老通勤者更多地选择非公交方式；通勤方式选择表现出一定的性别差异，男性较女性使用公共交通的比例低。这可能是男性对出行时耗和舒适度更敏感，倾向于选择私人交通方式，女性更注重出行安全性，而倾向于选择公共交通方式；私人交通工具拥有数量和驾驶知识对公交方式选择影响均为负，相对于其他群体，有驾照且家中有小汽车的通勤者更倾向于选择非公交方式；模型中表示复杂通勤出行链的参数取值为负，且显著性较高。这表明当通勤途中有非工作活动安排时，公交方式选择概率会较低。因为安排在通勤途中的非工作活动需要额外的停驻，常常涉及偏离日常通勤路线的活动地点，需要调整通勤出行路线。一方面要求出行方式在出行

表 3－5　BSBP 模型参数标定结果

变量名		模型 1：Mode→Chain		模型 2：Chain→Mode	
		参数估计	t 统计量	参数估计	t 统计量
通勤出行方式选择影响变量（方程1）	Constant1（公交出行方式固有常数）	0.625	12.341	0.631	12.000
	Age（出行者实际年龄/周岁）	−0.017	−4.749	−0.017	−6.094
	Male（1：出行者为男性。0：女性）	−0.182	−4.749	−0.192	−7.562
	Yp（1：出行者持有月票。0：其他）	0.814	11.331	0.816	14.267
	Bike（家中普通自行车数/辆）	−0.224	−8.794	−0.222	−8.381
	Ebike（家中电动车、摩托车数/辆）	−0.431	−9.510	−0.430	−9.467
	Xqc（家中小汽车数/辆）	−0.320	−9.032	−0.323	−9.083
	Dr（1：有驾照且家中有小汽车。0：其他）	−0.705	−9.242	−0.784	−8.843
	Complex（1：复杂通勤出行链。0：其他）	—	—	−0.454	−4.114

续表 3-5

变量名		模型 1：Mode→Chain		模型 2：Chain→Mode	
		参数估计	t 统计量	参数估计	t 统计量
通勤出行链复杂程度影响变量（方程 2）	Constant2（复杂通勤出行链固有常数）	−1.651	−10.090	−1.763	−7.871
	Age	0.014	3.243	0.016	4.133
	Male	−0.113	−4.125	−0.085	−3.305
	Yp	−0.337	−3.719	−0.656	−7.365
	Zxs（1：家中有中学生。0：无）	0.191	5.359	0.196	5.651
	Ch6（1：家中有 6 岁以下儿童。0：无）	0.382	8.008	0.372	7.966
	Xxs（1：家中有小学生。0：无）	0.599	7.793	0.595	10.988
	Wgzcn（1：有无工作成年成员。0：无）	−0.121	−4.524	−0.121	−4.629
	Se（1：工作开始时间早于 7:30。0：其他）	−0.222	−6.064	−0.205	−5.724
	Sl（1：工作开始时间晚于 9:00。0：其他）	−0.099	−2.460	−0.109	−2.744
	Ee（1：工作结束时间早于 17:00。0：其他	0.072	2.668	0.069	2.601
	El（1：工作结束时间晚于 19:00。0：其他）	−0.098	−2.023	−0.085	−8.021
	Transit（1：公共交通通勤方式。0：其他）	−0.521	−2.114	—	—
ρ		−0.221	−3.348	−0.358	−4.106
样本量(N)：17 611　　待估计参数个数(K)：22					
LL(**0**)（**0** 模型对数似然函数）		−24 414.030		−24 414.030	
LL(**c**)（常数项模型对数似然函数）		−21 961.569		−21 961.569	
LL(**β**)（标定后模型对数似然函数）		−14 624.004		−13 330.781	
$\rho_0^2(\bar{\rho}_0^2)$（调整后似然比）		0.401(0.400)		0.454(0.453)	
$\rho_c^2(\bar{\rho}_c^2)$（调整后似然比）		0.334(0.333)		0.393(0.392)	

路线、停靠和班次上更为灵活；另一方面，额外的停驻活动和派生的出行需要更多的时间和精力的投入，为有效地利用有限的时间，通勤者会倾向于选择速度、舒适度较公共交通更优越的私人交通工具。

模型 Chain→Mode 中表示通勤出行链复杂程度的方程 2 显示，随着年龄的增长，通勤者在上下班途中安排非工作活动的概率增大。因为相对于青年人，中老年人承担更多家庭责任，需要在上下班途中安排生活和日常购物活动；与此相对应，女性较男性选择复杂通勤出行链的趋势更大，与其家庭分工和家庭角色差异有关。女性承担更多的照顾家庭成员生活的活动，选择将这类活动连接到上下班出行中能有效地利用时间；月票的持有对复杂出行链选择的影响为负，结合其对公交通勤方式正的影响，间接地说明公交方式不利于上下班途中完成非工作活动；通勤出行链复杂程度受家庭结构的影响。在有6周岁以下儿童、小学生、中学生的家庭中，则通勤者倾向于在上下班途中连接接送小孩的活动。无工作的成年成员能分担部分家务，减少了工作成员在外出非工作活动上的投入，故这类成员对复杂通勤出行链效用的影响为负；活动需求决定出行安排，工作时间表在很大程度上决定了通勤者的非工作活动和出行安排，对通勤出行链复杂程度的选择有重要影响。过早或过晚的工作开始时间都不利于选择复杂通勤出行链。若工作开始时间较早，则通勤者需要更早出发以便在上班途中完成非工作活动，然而大部分服务和零售业此时还未开业，限制了非工作活动安排。若工作开始较晚，BW时段较长，通勤者有充足的时间在多次简单出行链中完成非工作活动，而不倾向于选择复杂通勤出行链。工作结束时间也是通勤出行链选择的主要影响因素，较早的工作结束时间有利于在下班途中完成非工作活动；公交通勤方式对复杂通勤链选择影响为负，表明公交通勤方式不利于完成含有非工作活动的复杂通勤出行链。

模型中通勤出行链复杂程度选择和出行方式选择随机项之间的相关系数显著性较高，表明通勤出行链和出行方式之间有较强的相关性。相关系数的负号说明，影响这两方面选择的不可观测变量之间存在负相关关系。因此，选择公共交通方式同时又在通勤途中安排非工作活动的通勤者较少，而在通勤途中安排非工作活动的通勤者更倾向于选择私人交通工具出行。

工作活动决定了非工作活动及出行的时空分布特征。工作及其相关出行多发生在高峰时段，是交通需求的重要组成部分。随着通勤出行距离的增加、生活节奏的加快，通勤出行链复杂程度随之提高。考虑通勤方式选择的通勤出行链复杂程度选择RSBP模型表明，复杂通勤链对灵活出行方式的依赖性增加，而公共交通不利于在通勤途中安排非工作活动。模型从出行链层面讨论了活动模式和出行方式之间的相互作用，结果表明，通勤出行链结构直接影响通勤方式选择的决策过程在工作出行中占主导地位。通勤者以工作活动为参照，将非工作活动安排到与工作活动和出行具有不同相对关系的5个时间段，即上班前、家到单位通勤途中、工作时段、单位到家通勤途中、下班到家后时段，形成简单或复杂的通勤出行链。然后，在通勤出行链和其他属性变量的共同影响下完成通勤方式选择。这一研究结论对出行需求预测和管理有重要意义：

(1) 对发展以公共交通为核心的多方式出行的影响。若模型得到相反结论，出行者首先选择通勤方式，然后在方式选择的约束下决定是否将非工作活动连接到通勤途中，则可以单纯从改善换乘设施、提高公交覆盖率和车内舒适度等改善公交服务质量方面提高公共交通对通勤出行的吸引力。然而研究表明，出行链安排是根本，对于大多数通勤者，通勤方式选择不仅与出行方式吸引力有关，还受到出行途中非工作活动安排的影响。通勤出行链复杂程度直接影响出行方式的选择，这使公共交通的规划和发展面临更大的挑战。除采取前述公交改善措施外，还需要从通勤出行链特征出发，针对不同通勤者群体提供能够满足不同目的出行、方便完成多活动、多目的地复杂出行链的公共交通服务。

(2) 对出行需求预测的影响。多数基于活动的出行需求预测系统采用分层结构，由活动安排、出行方式、目的地选择、出行时间选择等一系列子模型完成对活动-出行选择行为的模拟，子模型间的连接方式直接影响模拟过程的合理性和预测结果的准确性。研究结果表明，大多数通勤者在通勤出行链层面的活动安排先于方式选择，在预测系统中应突出通勤出行链模型对方式选择模型的约束限制作用。

3.4 出行方式与出行时间选择

不同的出行方式在出行速度、距离和服务班次等方面的特点使其适用于不同的出行情景、满足不同的出行需求，在各自的优势范围内发挥作用。因此，不同方式的通勤出行在出行时间属性上呈现出显著的差异，建立能够同时分析通勤出行方式和出行时间选择及其相互影响的模型系统，对准确地预测通勤出行选择行为及其对交通管理工作的影响有重要意义。

3.4.1 离散-连续选择模型

假设有 I 种通勤出行方式。对通勤出行者 $n(n=1,2,\cdots,N)$，考虑如下的离散-连续选择联立方程组：

$$\begin{cases} D_{ni}^{*}=\boldsymbol{\beta}_i^{\mathrm{T}}\boldsymbol{X}_{ni}+\varepsilon_{ni}, \quad i=1,\cdots,I \\ K_n=\boldsymbol{\gamma}^{\mathrm{T}}\boldsymbol{S}_n+\boldsymbol{\delta}^{\mathrm{T}}\boldsymbol{D}_{n,-1}+\omega_n \end{cases} \tag{3-20}$$

式中：$\boldsymbol{X}_{ni}$ 和 $\boldsymbol{S}_n$ 为可观测属性向量；ε_{ni} 和 ω_n 为随机误差项，且有 $\varepsilon_{ni}\sim \mathrm{IIDGumbel}(1,0)$，$\omega_n\sim(0,\sigma^2)$；$\boldsymbol{\beta}_i$、$\boldsymbol{\gamma}$ 为待估计参数向量；D_{ni}^{*} 是确定多元离散选择变量 $D_{ni}(i=1,\cdots,I)$ 的隐变量(假设以 $i=1$ 作为基准，即 $D_{n1}^{*}=0$)；$\boldsymbol{D}_{n,-1}=(D_{n2},\cdots,D_{nI})^{\mathrm{T}}$ 是一个由 $I-1$ 个哑变量组成的向量，而 $\boldsymbol{D}_n=(D_{n1}, D_{n2},\cdots,D_{nI})^{\mathrm{T}}$ 反映了通勤出行方式的离散选择结果，当出行者 n 选择方案 i 时，对应分量的哑变量取值为 1，其他哑变量取值为 0；$\boldsymbol{\delta}$ 是 $\boldsymbol{D}_{n,-1}$ 对应的参数向量，表明不同通勤出行方式选择对通勤出行时间选择的影响程度；K_n 为通勤出行时间离开 0 点的分钟数的对数值。

根据随机效用理论，在式(3-20)中，当且仅当效用 D_{ni}^{*} 为所有效用值中最大值时，通勤者 n 才会选择方式 i，即 $D_{ni}=1$。若定义如下随机变量 v_{ni}：

$$v_{ni} = \max_{j \neq i} D_{nj}^{*} - \varepsilon_{ni} \tag{3-21}$$

则当且仅当 $\boldsymbol{\beta}_i^{\mathrm{T}} \boldsymbol{X}_{ni} > v_{ni}$ 时,向量 $\boldsymbol{D}_n$ 的第 i 分量 $D_{ni}=1$。由极值分布的性质可得,v_{ni} 的概率分布函数为

$$F_i(y) = \mathrm{Prob}(V \leqslant y) = \frac{\exp(y)}{\exp(y) + \sum\limits_{j \neq i} \exp(\boldsymbol{\beta}_j^{\mathrm{T}} \boldsymbol{X}_{nj})} \tag{3-22}$$

Lee[46]提出,利用积分变换结果,非正态随机变量 v_{ni} 可变换为标准正态随机变量 v_{ni}^{*}:

$$v_{ni}^{*} = \Phi^{-1}[F_i(v_{ni})] \tag{3-23}$$

式中:$\Phi(\cdot)$为标准正态分布累计密度函数。又,对任意连续分布函数 $F(v_{ni})$,变换 $M=\Phi^{-1}[F(\cdot)]$为严格增函数,故联立方程组可改写为

$$\begin{cases} D_{ni}^{**} = \Phi^{-1}[F_i(\boldsymbol{\beta}_i^{\mathrm{T}} \boldsymbol{X}_{ni})] - v_{ni}^{*}, \quad i=1,\cdots,I \\ K_n = \boldsymbol{\gamma}^{\mathrm{T}} \boldsymbol{S}_n + \boldsymbol{\delta}^{\mathrm{T}} \boldsymbol{D}_{n,-1} + \omega_n \end{cases} \tag{3-24}$$

式中:$D_{ni} = \begin{cases} 0, & D_{ni}^{**} \leqslant 0 \\ 1, & D_{ni}^{**} > 0 \end{cases}$。

同时,考虑到通勤出行方式选择和通勤出行时间可能受到相同的不可观测因素的影响,故允许 v_{ni}^{*} 和 ω_n 之间存在相关性,相关系数记作 ρ_i。由随机误差项 v_{ni}^{*} 和 K_n 组成的二元正态分布有如下形式:

$$\begin{bmatrix} v_{ni}^{*} \\ K_n \end{bmatrix} = \begin{bmatrix} Z_1 \\ Z_2 \end{bmatrix} \sim N(\boldsymbol{u}, \boldsymbol{\Sigma}) \tag{3-25}$$

式中:$\boldsymbol{u} = \begin{bmatrix} u_1 \\ u_2 \end{bmatrix} = \begin{bmatrix} 0 \\ \boldsymbol{\gamma}^{\mathrm{T}} \boldsymbol{S}_n + \boldsymbol{\delta}^{\mathrm{T}} \boldsymbol{D}_{n,-1} \end{bmatrix}$, $\boldsymbol{\Sigma} = \begin{bmatrix} \Sigma_{11} & \Sigma_{12} \\ \Sigma_{21} & \Sigma_{22} \end{bmatrix} = \begin{bmatrix} 1 & \rho_i \sigma \\ \rho_i \sigma & \sigma^2 \end{bmatrix}$,随机变量 K_n 的概率密度函数为

$$f_n(k) = \frac{1}{\sigma} \phi\left(\frac{k - \boldsymbol{\gamma}^{\mathrm{T}} \boldsymbol{S}_n - \boldsymbol{\delta}^{\mathrm{T}} \boldsymbol{D}_{n,-1}}{\sigma} \right) \tag{3-26}$$

式中:$\phi(\cdot)$为标准正态分布的概率密度函数。

由多元正态分布的性质可知,当给定 K_n 时,v_{ni}^{*} 的条件分布为 $N(u_{1.2}, \Sigma_{11.2})$。其中:

$$u_{1.2} = u_1 + \Sigma_{12} \Sigma_{22}^{-1} (X_2 - u_2) =$$

$$\rho_i \sigma (K_n - \boldsymbol{\gamma}^{\mathrm{T}} \boldsymbol{S}_n - \delta^{\mathrm{T}} \boldsymbol{D}_{n,-1}) \frac{1}{\sigma^2} = \rho_i \left(\frac{K_n - \boldsymbol{\gamma}^{\mathrm{T}} \boldsymbol{S}_n - \delta^{\mathrm{T}} \boldsymbol{D}_{n,-1}}{\sigma} \right) \tag{3-27}$$

$$\Sigma_{11.2} = \Sigma_{11} - \Sigma_{12} \Sigma_{22}^{-1} \Sigma_{21} = 1 - \rho_i^2 \tag{3-28}$$

根据式(3-23)~式(3-28),有

$$\mathrm{Prob}\{K_n, \boldsymbol{D}_n\} = \prod_{i=1}^{I} \mathrm{Prob}(D_{ni} \mid K_n) \mathrm{Prob}(K_n) = \prod_{i=1}^{I} \left[\frac{1}{\sigma} \phi(g_n) \Phi(b_{ni}) \right]^{D_{ni}} \tag{3-29}$$

其中 g_n 和 b_{ni} 的定义如下：

$$g_n=\frac{K_n-\boldsymbol{\gamma}^{\mathrm{T}}\boldsymbol{S}_n-\boldsymbol{\delta}^{\mathrm{T}}\boldsymbol{D}_{n,-1}}{\sigma} \tag{3-30}$$

$$b_{ni}=\frac{\Phi^{-1}\boldsymbol{F}_i(\boldsymbol{\beta}_i^{\mathrm{T}}\boldsymbol{X}_{ni})-\rho_i g_n}{\sqrt{1-\rho_i{}^2}} \tag{3-31}$$

设$(\boldsymbol{X}_{ni},\boldsymbol{S}_n,\boldsymbol{D}_n,K_n)(n=1,2,\cdots,N;i=1,\cdots,I)$为一组随机样本，则用于估计参数 $\boldsymbol{\beta}_i,\boldsymbol{\gamma},\boldsymbol{\delta},\rho_i,\sigma$ 的似然函数为

$$L(\boldsymbol{\beta}_i',\boldsymbol{\gamma},\boldsymbol{\delta},\rho_i,\sigma)=\prod_{n=1}^{N}\left\{\prod_{i=1}^{I}\left[\frac{1}{\sigma}\phi(g_n)\Phi(b_{ni})\right]^{D_{ni}}\right\} \tag{3-32}$$

对应的对数似然函数为

$$LL(\boldsymbol{\beta}_i,\boldsymbol{\gamma},\boldsymbol{\delta},\rho_i,\sigma)=\sum_{n=1}^{N}\sum_{i=1}^{I}D_{ni}\{\ln[\varphi(g_n)]+\ln[\Phi(b_{ni})]-\ln\sigma\} \tag{3-33}$$

3.4.2　模型应用

以某市居民出行调查数据库为数据来源，研究通勤出行者个人及家庭社会经济属性对其从家到单位通勤出行方式和出行时间选择的影响，以及通勤方式对通勤出行时间的影响模式。将式(3－20)所示的联立方程模型应用于上述调查数据，建立通勤出行方式-出行时间离散-连续选择模型。模型变量定义如表 3－6 所列。其中，通勤出行方式选择用 MNL 模型描述，由步行、自行车、公共交通和小汽车共 4 种方式组成选择集，并以步行方式作为基准。通勤出行时间选择用线性回归模型描述，模型以出行时刻距零点分钟数的对数值为被解释变量，以通勤者个人及家庭社会经济属性、工作活动属性为解释变量。出行方式选择模型以哑变量的形式进入出行时间选择模型，并通过两个模型随机项间的相关关系间接地反映两个选择之间的相互影响，标定结果如表 3－6 所列。

出行方式选择模型表明，年轻人较年老者选择自行车和小汽车方式通勤的概率更大，这主要是因为受体力和精力的限制，年老的通勤者会更多地选择体力消耗更小的公共交通方式；通勤方式选择还表现出一定的性别差异，男性较女性使用公共交通的比例更低，而使用自行车和小汽车的比例更高。这可能是因为男性对出行时耗和交通工具的控制性要求更高，倾向于选择私人交通方式，女性更注重出行安全，而倾向于选择体力消耗较小的公共交通方式。通勤途中的非工作活动安排是影响通勤方式的另一重要因素。模型结果表明，当通勤途中有非工作活动安排时，公共交通方式的选择概率会显著降低。这是因为安排在通勤途中的非工作活动会增加额外停驻，或涉及偏离日常出行路线的活动地点。这一方面要求出行方式在出行路线、停靠和服务班次上更为灵活；另一方面，额外的停驻和派生的出行需要消耗更多的时间和精力，为了有效地利用有限的时间资源，通勤者会选择更灵活、便捷的私人交通工具出行。另外，随着通勤出行距离的增加，通勤者会更多地选择公共交通和小汽车等机动方式。

表 3-6　通勤出行方式-出行时间选择模型参数标定结果

模型变量			参数估计值	t 统计量
出行方式选择模型	自行车方式	Const bike（自行车方式固有常数）	2.408	12.809
		Male（哑元，1：男性）	0.312	5.000
		Age（实际年龄）	−0.016 1	−4.967
		Hwh（哑元，1：家到单位通勤途中有非工作停驻）	0.447	3.588
		Subh（哑元，1：工作中有回家出行）	0.961	12.416
		Short（哑元，1：家到单位距离≤1.5 km）	2.385	18.780
		Nbike（哑元，1：家中拥有自行车数量）	0.960	32.542
	公共交通方式	Const transit（公共交通方式固有常数）	−2.346	−12.155
		Male	−0.248	−15.049
		Age	0.043 2	10.093
		Sticket（哑元，1：有公交月票）	2.741	34.348
		Hwh	−1.991	−27.576
		Subh	−2.860	−6.976
		Cdis（家到单位通勤距离）	0.777	47.669
	小汽车方式	Const car(小汽车方式固有常数)	−6.401	−28.512
		Male	0.826	8.551
		Age	−0.028 5	−6.013
		License（哑元，1：有驾照）	1.860	26.234
		Hwh	0.543	2.011
		Subh	0.682	2.830
		Ncar（家中拥有小汽车数量）	3.310	44.730
		Cdis（transit 和 car 方式共有）	0.777	47.669
出行时间模型		Const（通勤时间回归模型常数项）	5.292	47.711
		Male	0.007 64	10.122
		Age	−0.000 069 1	−2.085
		Wst（工作开始时间与零点的差值/分钟）	0.001 77	41.553
		Hwh	−0.124	−3.233
		Cdis	−0.005 62	−31.306
		Bike（哑元，1：通勤方式为自行车）	−0.011 9	−4.892
		Transit（哑元，1：通勤方式为公共交通）	−0.050 0	−3.962
		Auto（哑元，1：通勤方式为小汽车）	−0.031 4	−5.54
		Unemp（哑元，1：家中有非工作成员）	−0.005 19	−6.083
		Prisch（哑元，1：家中有小学生）	0.002 56	2.264
		Ch6（哑元，1：家中有 6 岁以下儿童）	0.006 07	3.917
		Hhsize（家庭成员数）	−0.001 78	−3.507

续表 3－6

模型变量	参数估计值	t 统计量
ρ_1	0.120	7.141
ρ_2	0.093 7	5.907
ρ_3	－0.05	－8.261
ρ_4	－0.03	－6.562
σ	0.167	57.838

通勤出行时间选择模型的标定结果显示，年龄对出行时间的影响为负。因为受年龄影响，年老通勤者需要花费更多的时间完成相同距离的出行，他们需要提早离家以便准时到达工作单位。与通勤出行方式-出行时间模型相关系数标定结果类似，通勤出行时间也表现出显著的性别差异，男性的通勤出行时间更晚，这可能与男女的家庭角色和家庭分工的差异有关。女性需要承担更多的照顾家庭成员的活动，通常会在上班途中护送年幼家庭成员上学或安排其他非工作活动以有效地利用时间，需要更早地离开家。

模型结果还显示，通勤者工作活动安排将直接影响其通勤时间选择，工作开始时间越早、通勤出行距离越远，通勤出行时间也会相应提前。通勤方式是通勤出行时间的显著影响因素。相比于步行方式，选择自行车、公共交通和小汽车方式的通勤者有更早的通勤出行时间，且呈现出递增的趋势。通勤出行时间还受到通勤者家庭成员构成的影响。非工作成员可以分担部分非工作活动，降低通勤途中的非工作活动需求，表现出对通勤出行时间的正效用。当家中有小学生时，父母往往需要在上班途中送小孩到学校，而使得通勤出行时间提前；相反，当家中有不到 6 周岁的幼儿时，家长上班前往往需要在家完成一些喂哺小孩的活动，需要将通勤出行时间适当推后，因此这类成员对通勤出行时间表现出正效用。另外，随着家庭成员数的增加，通勤途中的接送活动呈增加趋势，通勤者需要适当地提早出发。

第4章　出行方式-出行链联合选择

为了更好地理解通勤出行选择行为，本章将通勤出行方式和出行链模式选择纳入同一模型系统，研究出行者社会经济属性、居住和工作地区位置及工作活动安排对该两个维度联合选择的影响，分析模型结果对交通管理工作的意义。

4.1　出行方式和出行链模式选择

出行链是人们为了完成一项或多项活动，而在时间上顺序排列的出行目的所组成的往返行程，涉及多种交通方式的使用。随着城市化进程的加快，出行空间范围扩大、出行目的呈现多样化和复杂化的趋势，加强了出行链结构和出行方式选择之间的相互作用。与小汽车出行相比，以公共交通为核心的多方式出行是一种对环境影响更小的可持续城市交通发展模式，其发展正逐步得到重视。然而，研究发现，多方式出行在复杂出行链中比例较低，出行链的复杂化有阻碍多方式出行的推广、加剧出行对小汽车等私有交通工具依赖程度的趋势。私人交通工具出行时耗较低，节省的出行时间会刺激额外的活动和出行。当出行链和出行方式之间的这种相互影响发生在通勤者中时，将促进非工作活动被安排到通勤途中，诱发新的高峰时段出行需求，可能导致高峰时段出行需求进一步上升，交通拥挤加剧。为了更好地理解公交方式对通勤者出行链安排的影响，需要对出行方式选择和出行链模式安排两项主要决策之间、决策变量与主要影响因素之间以及影响因素之间的相互作用关系进行深入研究。

随着城市化进程的加快，居民出行活动空间和范围不断扩大，日常活动模式日趋多样化、复杂化。为了更有效地利用有限的时间资源，出行者倾向于将相关联的多次外出活动安排在同一出行链中，提高了出行链的复杂程度。与多次简单出行链相比，复杂出行链能有效地利用时空资源，更方便地组织在空间和时间上分散的活动和出行。同时，出行链的复杂化也加强了出行方式和出行链模式选择之间的相互作用，出行者对出行方式在服务时间、服务路线、换乘灵活性、可达性方面的要求更高。

影响出行方式选择的因素通常被归结为出行者属性、出行属性和交通工具属性三个方面。典型的通勤出行方式选择分析采用基于出行的建模思想，将通勤者基于家的工作出行与通勤途中和在单位工作时参与的非工作活动分割开来，对工作出行和非工作出行分别建立方式选择模型。然而这类模型有一个共同的缺点——忽略了通勤出行方式与通勤途中和在工作单位的活动停驻之间的相互影响。另一方面，对出行链的研究主要涉及出行链停驻次数预测和出行链模式划分及其影响因素识别。通勤出行距离增加，在通勤出行途中安排非工作活动成为上班族适应快节奏城市生活的有效应对方式，强化了通勤出行方式和出行链之间的联系，开始引起研究者的重视。

鉴于出行链模式和出行方式选择间相互影响关系的复杂性，研究将此两选择维度纳入同一模型系统，建立通勤出行方式和出行链模式联合选择模型，分析模型结果对交通管理工作的意义。

4.2　基于 Cross - Nested Logit 模型的联合选择行为分析

4.2.1　Cross - Nested Logit 模型

Nested Logit(NL)模型是出行行为分析中最常用的分层选择模型结构。然而，NL 模型要求预先准确地设定选择问题的分层结构，并假定相关关系只存在于位于同一分层的选择方案之间。对于 C 维度组合选择行为，NL 模型最多能同时描述其中 $C-1$ 个选择维度间的相互影响[47]。基于广义极值(GEV)模型的 Cross - Nested Logit(CNL)模型是分析联合选择行为的另一模型结构。该模型保留了选择概率的解析形式，并能灵活地描述多维选择行为中不同维度选择之间的相互依赖和制约关系[48]。

GEV 模型由 McFadden 在随机效用最大化的基础上推导得出。假设决策者 n 从 I 个方案组成的选择集 A_n 中选择方案 i 的效用为 $U_{ni}(i=1,2,\cdots,I)$，可以表示为确定项 V_{ni} 和随机项 ε_{ni} 之和。GEV 模型假设所有选择方案随机项 $\varepsilon_n<\varepsilon_{n1},\varepsilon_{n2},\cdots,\varepsilon_{nI}>$ 的联合分布为一般极值分布：

$$F_{\varepsilon_{n1},\varepsilon_{n2},\cdots,\varepsilon_{nI}}(y_{n1},y_{n2},\cdots,y_{nI})=e^{-G(e^{-y_{n1}},e^{-y_{n2}},\cdots,e^{-y_{nI}})} \tag{4-1}$$

式中 $G(\cdot)$ 为生成函数，具有如下形式：

$$G(y_{n1},y_{n2},\cdots,y_{nI})=\sum_{k=1}^{K}\left[\sum_{i\in B_k}(\alpha_{jk}y_{nj})^{1/\mu_k}\right]^{\mu_k} \tag{4-2}$$

式(4-2)中：K 为选择方案分层数；B_k 为所有属于第 k 层选择方案所组成的集合。根据 GEV 模型理论[49]，在 CNL 模型中选择概率 P_i(为简化符号，在下面省去表示决策者的字母 n)可表示为

$$P_i=\sum_{k=1}^{K}P_{i|k}P_k \tag{4-3}$$

式(4-3)中：P_k 为选择方案位于第 k 层的概率；$P_{i|k}$ 为第 k 层中方案 i 的选择概率，表示为

$$P_{i|k}=\frac{\left(\alpha_{ik}\mathrm{e}^{V_i}\right)^{1/\mu_k}}{\sum\limits_{j\in B_k}\left(\alpha_{jk}\mathrm{e}^{V_j}\right)^{1/\mu_k}} \tag{4-4}$$

式(4-4)中：α_{ik} 为分配参数，决定了方案 i 隶属于各层的相对大小（$0\leqslant\alpha_{ik}\leqslant1$，$\forall i$ 和 k，且 $\sum\limits_{k}\alpha_{ik}=1$，$\forall i$）。异质性参数 μ_k（$0\leqslant\mu_k\leqslant1$）是第 k 层各方案相关程度的度量，取值越大，表明选择方案之间越独立、相关度越低。

4.2.2 通勤出行方式和出行链模式联合选择

工作活动和出行将通勤者一日的时间划分为如图 4-1 所示的 5 个时段。将通勤出行链定义为发生在离开家去单位到从单位下班回到家之间的以工作及其相关活动为主要目的、可能包含其他非工作活动、在时间顺序上不同出行目的的连接。通勤出行链涉及 HW、DW 和 WH 三个时段，非工作活动可以安排在其中一个或几个时段，构成复杂通勤出行链。

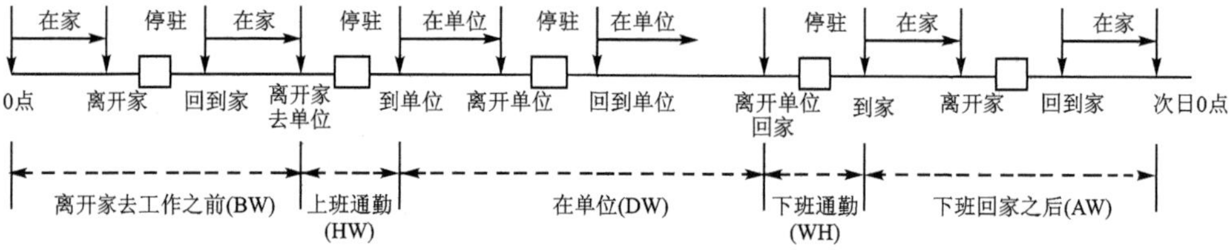

图 4-1 通勤出行链模式

每个选择方案都与一个出行方式选择支和一个出行链模式选择支对应，每个选择子集中仅被选中的方案对应分配参数不为 0。组合方案两个选择参数之和为 1，可参见书后参考文献[47]，将非零分配参数设定为均等的常数 1/2。以"步行-简单出行链"为参照，将其选择方案固有常数标准化为 0，其他选择方案固有常数作为模型参数，得到 5 个待估计选择方案固有常数。模型结构如 4-2 所示。

建模数据来自某直辖市 2005 年居民出行调查数据库中的 9 765 个家庭，共 14 230 个通勤者。样本中，通勤者在 DW 时段参加的非工作外出约 75%以回家就餐为目的，另外近 20%以单位附近就餐为目的，其中步行和自行车方式出行约占 95%。DW 时段非工作外出发生在非高峰时段，且以非机动出行方式的短距离、单一目的出行为主，与发生在 HW 和 WH 时段的非工作活动联系较松散，对交通拥堵影响不显著。因此，研究中将 HW 或 WH 时段有非工作活动的通勤出行链定义为复杂出行链，否则为简单出行链。

表 4-1 是通勤出行方式和出行链模式选择列联表。若对出行链模式不加区分，则 3 种出行方式在通勤出行中所占比例相当。当出行链从简单变为复杂时，出行方式分担率也发生了显著的变化。从行百分比来看，35%的简单通勤出行链选择了公

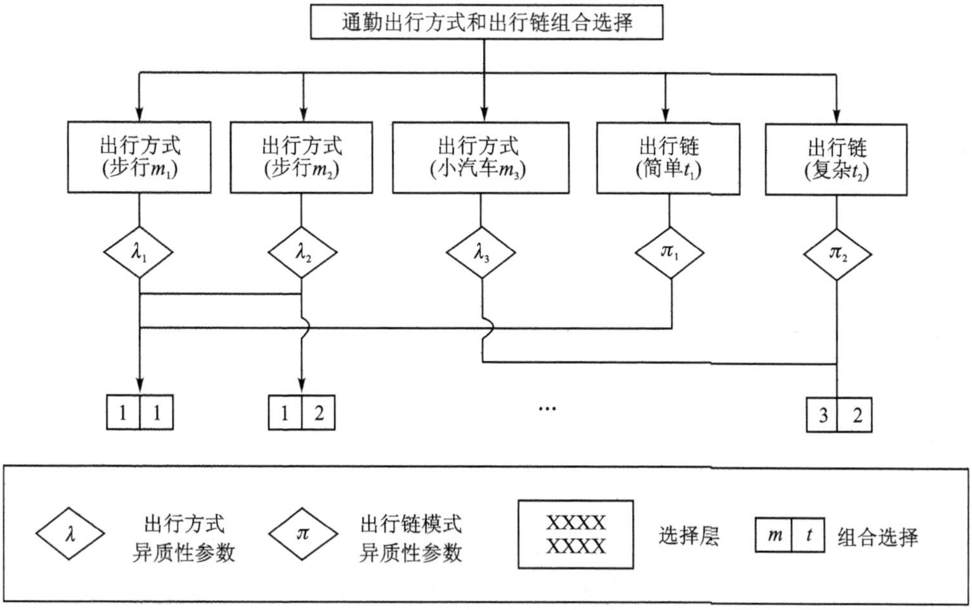

图 4-2　联合选择 CNL 模型结构

共交通方式，而仅有不足 8%的复杂通勤出行链选择了公交方式，复杂出行链中分担率最高的方式是非机动方式；从列百分比来看，对于不同出行方式的通勤者，其出行链结构存在显著差异。采用公交方式的通勤者中仅有约 3%在 HW 和 WH 时段安排非工作活动，而采用小汽车的通勤出行者中约 14%的人在 HW 和 WH 时段安排非工作活动，选择非机动方式的通勤出行者在上下班通勤途中安排非工作活动的比例最高。从表中数据可知，通勤出行方式和出行链模式选择之间存在显著的相关关系，且非机动方式和小汽车出行方式在复杂通勤出行链中的比例大于其在简单出行链中的比例，而公共交通方式则相反。

表 4-1　通勤出行方式-出行链列联表

出行链		出行方式			合　计
		步行	公交	小汽车	
样本频数	简单	4 168	4 353	3 844	12 365
	复杂	1 096	141	628	1 865
合计		5 264	4 494	4 472	14 230
行百分比/%	简单	33.71	35.20	31.09	100.00
	复杂	58.77	7.56	33.67	100.00
	合计	36.99	31.58	31.43	100.00
列百分比/%	简单	79.18	96.86	85.96	86.89
	复杂	20.82	3.14	14.04	13.11
	合计	100.00	100.00	100.00	100.00

综合考虑模型准确性和简洁性，经筛选后的模型变量如表 4－2 所列，包含 3 类解释变量。出行者及其家庭社会经济属性变量，描述了不同出行者群体通勤出行方式和出行链模式选择偏好差异；空间属性变量，描述了不同区位对非工作活动的吸引力以及交通服务水平的差异；工作活动属性，对通勤出行方式和出行链模式选择带来一定约束和限制。模型参数标定结果如表 4－3 所列。

表 4－2　CNL 模型变量定义

变量名		定　义	均　值	方　差
家庭属性	prisch	1：家中有小学生。0：其他	0.16	0.36
	unemp	1：家中有无工作成年成员。0：其他	0.44	0.50
	minc_mid	1：家庭月收入 5 000～10 000 元。0：其他	0.28	0.45
	minc_high	1：家庭月收入 10 001～15 000 元。0：其他	0.18	0.38
	car	1：有私家小汽车。0：其他	0.45	0.50
	bike	1：有自行车。0：其他	0.84	0.37
出行者属性	male	1：男性。0：其他	0.55	0.50
	age_middle	1：年龄 30～50 周岁。0：其他	0.75	0.37
	license	1：有驾照。0：其他	0.47	0.50
	pass	1：有公交卡。0：其他	0.17	0.40
空间属性	loc1	1：在市郊居住市区工作。0：其他	0.29	0.46
	loc2	1：在市区工作和居住。0：其他	0.22	0.42
工作活动属性	cdis	家到工作单位距离/km	11.00	9.03
	se	工作开始时间早于 7:30	0.14	0.35
	sl	工作开始时间晚于 9:00	0.10	0.23

模型标定结果显示，采用非机动方式、在上下班途中不安排非工作活动的通勤者是样本的主体，而当通勤者在上下班途中参与非工作活动时通常不会选择公交方式出行。家庭结构是通勤出行方式和出行链模式组合选择的重要影响因素。当家中有上小学的儿童时，通勤者倾向于在上下班途中接送孩子，增加了通勤出行链的复杂程度，同时也更倾向于选择公交或小汽车方式完成通勤出行链；当家中有非工作成年成员时，部分与家庭需求相关的非工作活动被分担，减少了工作成员对外出非工作出行的需求，因此非工作成员的存在带来了通勤出行链复杂程度下降，同时非机动方式通勤出行增加。随着家庭收入的增加，消费和娱乐活动需求随之上升，通勤途中参加非工作活动的概率上升，通勤出行链复杂度增加，小汽车出行比例显著上升。家庭对交通工具的持有可以视为对出行需求的长期投入，有小汽车的家庭，其通勤者更偏好开车上下班，而有自行车的家庭则通常选择自行车方式通勤。相比于选择公交方式的通勤者，这两类家庭的通勤者都更倾向于在通勤途中安排非工作活动，出行链更复杂。

表 4-3　CNL 模型标定结果(样本量 14 230)

模型变量	方案 2(m_2t_1)	方案 3(m_3t_1)	方案 4(m_1t_2)	方案 5(m_2t_2)	方案 6(m_3t_2)
选择方案固有常数	−1.57(−9.88)	−3.97(−12.52)	−0.92(−5.77)	−5.34(−15.62)	−4.13(−14.73)
prisch	−0.12(−1.89)	−0.30(−3.82)	0.575(7.73)	0.622(2.76)	0.83(4.42)
unemp	0.015(1.53)	−0.03(−1.61)	−0.16(−2.43)	−0.22(−1.86)	−0.31(−3.43)
minc_mid	0.23 (4.38)	0.20(3.13)	−0.04(−0.53)	0.458(3.79)	0.45(4.29)
minc_high	0.27(5.13)	0.35(3.58)	−0.561(−0.56)	0.65(4.65)	0.73(5.92)
car	0.10(1.83)	2.39(12.53)	−0.11(−1.40)	−0.20(−1.40)	3.15(12.45)
bike	−1.46(10.34)	−1.57(−10.25)	0.561(4.08)	−1.67(−10.77)	−1.74(−10.73)
male	−0.36(−7.31)	0.265(4.61)	−0.081(−1.92)	−0.86(−6.00)	0.32(3.46)
age_middle	−0.23(−3.58)	0.10(1.40)	0.053(6.95)	0.050(1.72)	0.27(1.74)
license	0.27(4.95)	1.50(11.96)	−0.193(−2.50)	0.59(4.04)	2.13(10.79)
pass	1.88(10.93)	−0.346(−2.67)	−0.574(−3.03)	1.57(10.88)	−1.05(−3.32)
loc1	0.245(4.69)	0.24(3.97)	0.17(5.44)	0.32(2.74)	0.37(4.00)
loc2	−0.27(−4.98)	−0.22(−3.37)	−0.021(−1.62)	−0.34(−2.94)	−0.18(−1.74))
cdis	0.36(11.78)	0.37(11.88)	−0.335(−1.52)	0.362(12.07)	0.42(13.92)
se	−0.12(−2.10)	0.35(4.58)	−0.51(−6.51)	−0.12(−1.75)	0.20(3.88)
sl	0.213(2.29)	0.35(3.04)	−0.82(−4.65)	−0.27(−3.60)	−0.10(−1.57)
异质性参数 λ_1	0.13(2.01)				
异质性参数 λ_2	0.75(2.10)				
异质性参数 λ_3	0.20(3.87)				
异质性参数 π_1	0.25(4.30)				
异质性参数 π_2	0.42(2.16)				

对于不同年龄段的通勤者，其通勤出行行为也表现出显著的差异。相比于青年和老年人，中年通勤者会更多地选用小汽车方式，且他们倾向于在通勤途中参加一些非工作活动。因为这个年龄段的通勤者家庭负担最重，外出非工作活动需求较大，同时经济条件较好，因而成为小汽车和复杂通勤出行链的主体。与家庭交通工具的影响类似，驾照和公交卡是通勤者在通勤出行上的长期投入，持有驾照和交通卡的通勤者分别倾向于选择小汽车和公共交通完成通勤出行，且前者通勤出行链复杂程度更高。

家和工作单位的空间位置也是通勤出行行为的重要影响因素。在市郊居住而在市区工作的通勤者，由于通勤距离较长，会更多地选择公交和小汽车方式通勤出行。同时，受市郊用地属性的限制，居住地附近的非工作活动设施较少，这类通勤者更倾向于在通勤途中完成非工作活动。相反，在市区工作和居住的通勤者，通勤距离短，非机动方式通勤出行的比例更高。同时，由于市区土地综合利用率高、可达性好，人们能够更方便地在住所附近完成各种非工作活动，更多地被独立于通勤活动的出行链所完成，通勤出行链复杂程度降低。

活动需求决定出行安排，工作时间表在很大程度上决定了通勤者的非工作活动和出行安排，对通勤出行链复杂程度的选择有重要影响。过早或过晚的工作开始时间都不利于选择复杂通勤出行链。若工作开始时间较早，则通勤者需要更早地出发以便在上班途中完成非工作活动，然而大部分服务和零售业此时还未开业，限制了非工作活动安排。若工作开始较晚，BW 时段较长，则通勤者有充足的时间在多次简单出行链中完成非工作活动，而不倾向于选择复杂通勤出行链。工作结束时间也是通勤出行链选择的主要影响因素，较早的工作结束时间有利于在下班途中完成非工作活动；公交通勤方式对复杂通勤链选择影响为负，表明公交通勤方式不利于完成含有非工作活动的复杂通勤出行链。

此外，从模型的异质性参数来看，5 个层均有取值较低的异质性参数，表明通勤出行方式和出行链模式选择之间有较强的相关关系。相比于简单出行链，复杂出行链的不同出行方式之间可替代性更小，也即当出行者需要在通勤途中安排非工作活动时，他们会倾向于选择灵活性较好的出行方式。此外，公交出行方式层的异质性参数取值最大，表明当选用公交方式时，简单和复杂通勤出行链是几乎不可替代的，也即从另一个侧面支持公交通勤出行方式不利于完成复杂通勤出行链的结论。

4.3 基于贝叶斯方法的联合选择行为分析

源自人工智能领域的贝叶斯(Bayes)网络模型，将概率论和图论相结合，能系统地描述随机变量之间复杂的相关关系，并以图论的语言直接揭示变量间相互依赖关系的结构，构造变量间相互影响关系的扩散和学习机制，在交通研究领域正逐渐受到关注[6]，也为分析出行决策变量间的相互影响模式提供了新的思路。

4.3.1 出行行为分析贝叶斯网络模型构造

贝叶斯网络是一个有向无环图，其中节点代表随机变量，节点间的有向边代表变量之间的直接依赖关系。一个贝叶斯网络包括定性和定量两个方面的内容：定性内容是指网络的拓扑结构；定量内容则包括各节点的概率分布，刻画了父变量对子变量的影响程度。下面将贝叶斯网络用于居民出行调查数据的分析，以揭示和刻画数据中所蕴含的有关出行方式和出行链安排两个决策之间的相互作用规律，并通过概率推理和学习机制，研究主要影响因素对上述决策变量的作用机理。

通过分析数据而获得贝叶斯网络的过程即贝叶斯网络学习，主要涉及三个步骤：识别建模问题的关键变量及其所有可能取值，并以节点表示；判断节点间的依赖或独立关系，并以图的方式表示，完成网络结构的学习；获得网络定量部分所需概率参数，完成网络的参数学习。研究所用数据来自某直辖市 2005 年居民出行调查数据库中 5 717 个家庭、8 340 个通勤出行者的 8 903 条通勤出行链。总结相关文献的建模经验并结合前期研究成果，筛选得到模型节点变量共 17 个。经离散化处理后的模型节点变量定义及取值如表 4－4 所列。

表 4－4　出行行为分析贝叶斯网络模型节点变量定义及取值

变量名	定义及取值	
家庭属性	1. Inc	家庭月均收入：1. ＜2 500 元；　2. 2 501～5 000 元；　3. 5 001～10 000 元；　4. ＞10 000 元
	2. Bik	家庭自行车数量：1. 0 辆；　2. 1 辆；　3. 2 辆及以上
	3. Car	家中有小汽车：1. 无；　2. 有
	4. Uem	家中有非工作成员：1. 无；　2. 有
	5. Pri	家中有小学生：1. 无；　2. 有
	6. Hhs	家庭人口：1. 1 人；2. 2 人；3. 3 人；4. 4 人；5. ＞4 人
出行者属性	7. Gen	性别：1. 女性；2. 男性
	8. Age	年龄：1. ＜30 周岁；　2. 31～45 周岁；　3. ＞45 周岁
	9. Lic	持有驾照情况：1. 无；　2. 有
	10. Tic	持有公交月票情况：1. 无；2. 有
活动-出行属性	11. Tm	出行方式：1. 非公交方式；2. 公共交通方式
	12. Tp	出行链模式：1. 简单；2. 复杂

贝叶斯网络的结构学习即利用训练样本集，结合先验知识，确定出对样本数据拟合最好的网络拓扑结构。其主要有基于搜索和评分的方法、基于约束的方法两类。由 Cooper 和 Herskovits 建立的 K2 算法基于爬山搜索策略和贝叶斯评分函数，根据事先确定的节点次序，通过不断地向网络中增加能够提高评分函数的边的贪婪搜索方法得到评分最高的网络结构，是贝叶斯网络结构学习的重要算法。而作为先验信息输入的节点次序对最终得到的网络结构有直接影响。有学者融合搜索评分法和基于约束的方法，提出了改进的 K2 算法：首先对训练数据集进行条件独立性测试，确定出不同节点之间的一致条件独立性，然后利用节点间的一致条件独立性，构造一个有向无环图；基于此有向无环图得到节点次序，与训练数据集一起作为 K2 算法的输入，通过搜索和评分得到最优网络结构。本文采用由 Moninder 和 Marco[50] 提出的改进 K2 算法，用 Matlab 编程实现贝叶斯网络的结构学习。

贝叶斯网络的参数学习，是指在给定网络拓扑结构的情况下，确定网络节点条件概率的过程，有极大似然估计和贝叶斯估计两种基本方法。在贝叶斯估计的框架下，参数 $\boldsymbol{\theta}$ 被视为随机变量。首先选用一个先验概率分布 $p(\boldsymbol{\theta})$ 来总结关于 $\boldsymbol{\theta}$ 的先验知识，然后把样本数据 $\boldsymbol{D}=(D_1,D_2,\cdots,D_n)$ 的影响用似然函数 $L(\boldsymbol{\theta}|\boldsymbol{D})=p(\boldsymbol{D}|\boldsymbol{\theta})$ 来归纳，最后使用贝叶斯公式将先验分布和似然函数结合，得到 θ 的后验分布，完成对网络参数的贝叶斯估计。

$$p(\boldsymbol{\theta}|\boldsymbol{D}) \propto p(\boldsymbol{\theta})L(\boldsymbol{\theta}|\boldsymbol{D}) \tag{4-5}$$

假设由 n 个节点变量 $X=\{X_1,X_2,\cdots,X_n\}$ 组成贝叶斯网络 N，其中节点 X_i 有 r_i 个取值，其父节点 $\pi(X_i)$ 共有 q_i 个组合，则网络参数可表示为

$$\theta_{ijk}=p\left[X_i=k \mid \pi(X_i)=j\right] \tag{4-6}$$

在观测到关于 N 的 i. i. d. (independently and identically distributed)完整数据 $\boldsymbol{D}=(D_1,D_2,\cdots,D_n)$之后，则 $\boldsymbol{\theta}$ 的似然函数为

$$L(\boldsymbol{\theta} \mid \boldsymbol{D})=\prod_{i=1}^{n}\prod_{j=1}^{q_i}\prod_{k=1}^{r_i}\theta_{ijk}^{m_{ijk}} \tag{4-7}$$

而 Dirichlet 分布是多项式似然函数的共轭分布族。假设 $\theta_{ij\cdot}=\{\theta_{ij1},\theta_{ij2},\cdots,\theta_{ijr_i}\}$的先验分布为 Dirichlet 分布 $\boldsymbol{D}(\alpha_{ij1},\alpha_{ij2},\cdots,\alpha_{ijr_i})$，则由贝叶斯定理可知，其后验分布为 Dirichlet 分布 $\boldsymbol{D}(\alpha_{ij1}+m_{ij1},\alpha_{ij2}+m_{ij2},\cdots,\alpha_{ijr_i}+m_{ijr_i})$。模型参数向量 $\boldsymbol{\theta}$ 则服从乘积 Dirichlet 分布。

4.3.2　基于 Bayes 网络的联合选择行为分析

图 4-3(变量定义见表 4-4)给出改进 K2 算法学习得到的出行行为分析贝叶斯网络结构。从图中可知，出行链模式和出行方式选择之间有很强的相互依赖关系。然而，模型复杂的网络结构使得对这两个决策节点各自影响因素的分析难以进行。

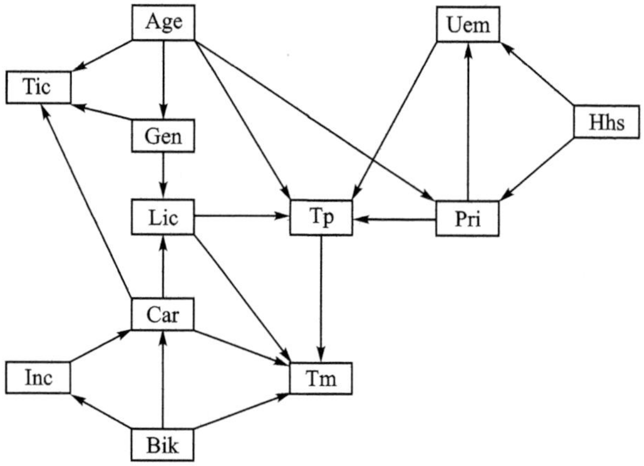

图 4-3　出行行为分析贝叶斯网络结构

为了提取出行方式和出行链模式决策变量的主要影响因素及其作用机制，研究选用节点间的互信息[51]完成对图 4-3 中网络的裁剪。互信息描述了一个节点变量取值对另一个节点变量取值的确定能力。其值越大，表明两个变量之间的确定能力越强；而当互信息取值低于 0.001 bit 时，变量间的解释力变得极低，故研究中选取 0.001 bit 为临界值。分别将出行方式和出行链模式决策变量视为查询变量，用 Q 表示，其他节点变量为证据变量，用 E 表示。Q 和 E 之间的互信息定义为

$$I(Q,E)=\sum_{q}\sum_{e}p(q,e)\log\left[\frac{p(q,e)}{p(q)p(e)}\right] \tag{4-8}$$

式(4-8)中：$p(q,e)$是由后验分布得到的节点 Q 的状态 q 和节点 E 的状态 e 同时出现的概率；$p(q)$和 $p(e)$分别是由先验分布得到的节点 Q 取得状态 q 和节点 E 取

得状态 e 的概率。

图 4-4 和图 4-5 是各证据节点对于出行方式和出行链模式决策变量的互信息分布图。从图 4-3 的网络中裁去影响不显著的节点后得到图 4-6 和图 4-7，用于对出行方式和出行链模式选择行为及其相互影响关系的分析。

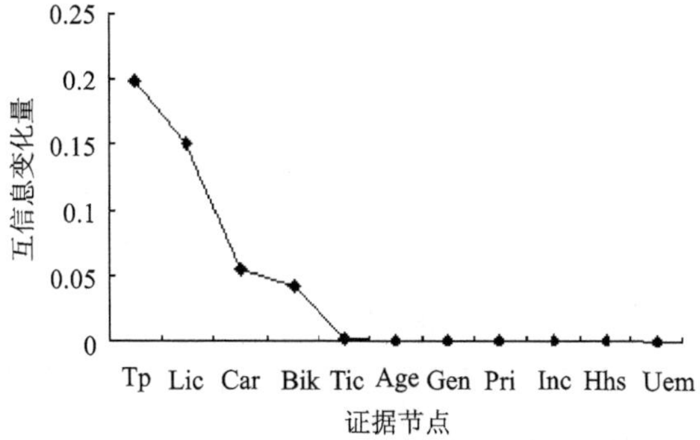

图 4-4　证据节点对出行方式的互信息

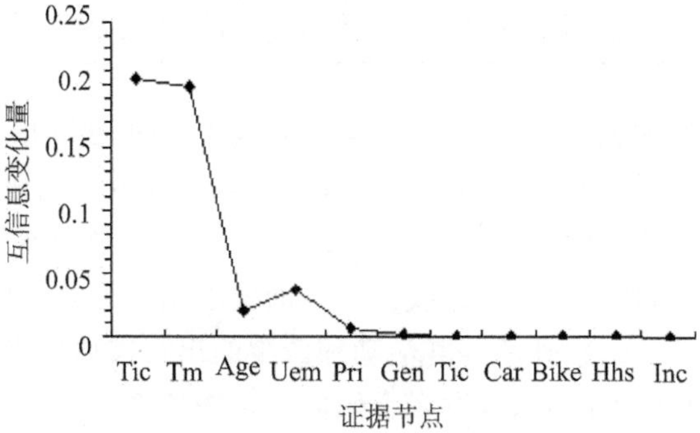

图 4-5　证据节点对出行链模式的互信息

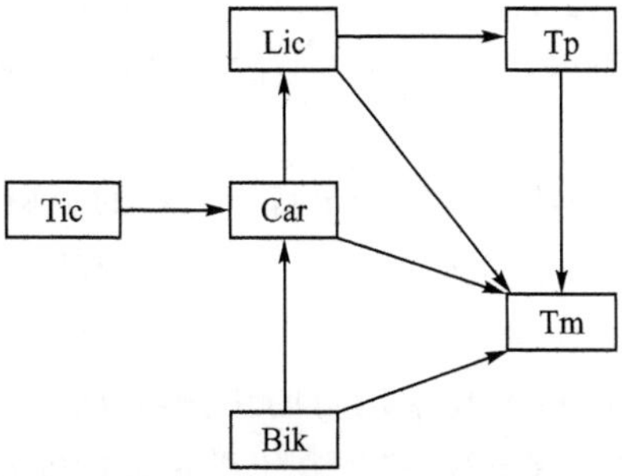

图 4-6　出行方式贝叶斯网络

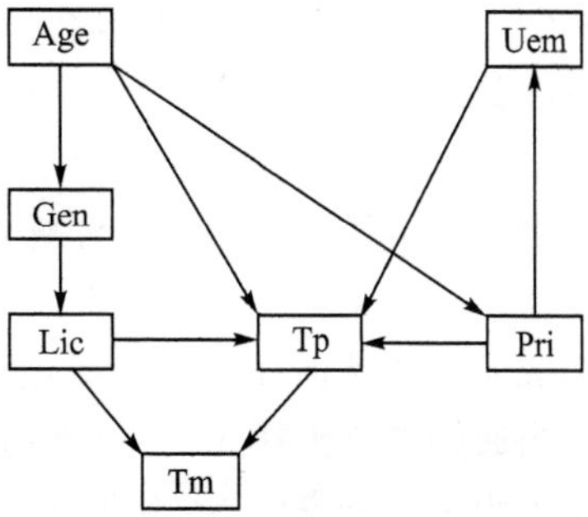

图 4-7　出行链贝叶斯网络

应用所建立的贝叶斯网络模型，通过敏感性分析完成证据节点对出行选择影响的分析。表 4－5 和表 4－6 分别给出了经裁剪后的贝叶斯网络中各证据节点对出行方式选择和出行链模式安排的影响情况。

表 4－5　出行方式敏感性分析

节点设置		Tp	Lic	Car	Bik	Tic
Tm＝2 (31.58％)	节点取值	2	2	2	3	1
	Tm 后验分布(Posterior Min，％)	－24.02	－12.43	－15.79	－13.01	－11.80
	节点取值	1	1	1	1	2
	Tm 后验分布(Posterior Max，％)	3.62	11.01	13.15	5.75	55.83

表 4－6　出行链模式敏感性分析

节点设置		Tic	Tm	Age	Uem	Pri	Gen
Tp＝2 (13.11％)	节点取值	2	2	3	1	2	1
	Tm 后验分布(Posterior Min，％)	－9.17	－9.97	5.60	1.89	13.65	3.81
	节点取值	1	1	1	2	1	2
	Tm 后验分布(Posterior Max，％)	1.94	4.60	－6.86	－2.41	2.51	－2.78

出行方式选择的敏感性分析表明，通勤出行链复杂程度和出行方式之间有较强的相关性，当通勤出行链为复杂出行链时，选择公共交通方式的比例会下降24.02％。这是因为安排在通勤途中的非工作活动需要额外的停驻，常常涉及偏离日常通勤路线的活动地点，需要调整通勤出行路线。一方面要求出行方式在出行路线、停靠和班次上更为灵活；另一方面，额外的停驻活动和派生的出行需要更多的时间和精力的投入。为有效地利用有限的时间，通勤者会倾向于选择速度、舒适度较公共交通更优越的私人交通工具。驾驶知识是通勤方式的重要影响因素，当通勤者有驾照时，选择公交通勤出行的概率会下降，幅度为 12.43％左右。家庭交通工具的拥有情况是影响通勤出行方式的主要因素，当家中有小汽车时，公交通勤出行的概率会下降约15.79％。家庭自行车的拥有也会导致公交通勤方式的概率下降，且下降幅度随着家庭自行车数量的增加而增大。公交月票是通勤者在出行方式上的一种投入，购买月票的通勤者大多都会使用公交上下班，其影响幅度达到 55.83％。

通勤出行链模式的敏感性分析表明，月票的持有对复杂出行链选择的影响为负，幅度为 9.17％。结合其对公交通勤方式正的影响，间接说明公交方式不利于上下班途中完成非工作活动；随着年龄的增长，通勤者在上下班途中安排非工作活动的概率增加。当通勤者年龄在 45 岁以上时，其通勤出行为复杂出行的比例约 18.7％。这可能是因为相对于青年人，中老年人承担更多家庭责任，需要在上下班途中安排生活和日常购物活动；与此相对应，女性较男性选择复杂通勤出行链的趋势更大，选择概率为 16.92％左右。这与家庭分工和家庭角色的性别差异有关。女性承担更多的照顾家庭成员生活的活动，选择将这类活动连接到上下班出行中能有效地利用时间。通勤出行链复杂程度受家庭结构的影响。在有小学生的家庭中，通勤者倾向于在上下班途中连接接送小孩的活动，形成复杂通勤出行链的比例为 26.76%左右。无工作的成年成员能分担部分家务，减少了工作成员在外出非工作活动上的投入，因此这类成员对复杂通勤出行链效用的影响为负，使复杂通勤出行的比例降至约 10.60%。

第5章　出行者时间使用模式研究

交通需求管理和交通控制措施都与时间因素密切相关，出行者时间安排模式在一定程度上决定了日活动和出行安排，是出行需求和出行行为分析的核心内容。相对于传统的四阶段分析方法，基于活动的出行行为分析方法强调时间因素对活动和出行模式的影响，在分析过程中能较准确地描述时间因素对活动和出行选择的影响，为制定和评价与时间因素相关的 TDM 策略提供有效的分析工具。

通过时间使用模式分析活动-出行选择行为的研究主要从两方面展开：对活动时间的分配和对活动时段的分析。一方面，时间的有限性和连续性迫使人们根据自己的需要和喜好将可用时间划分为若干长度不等的时间段，分配给不同类型的活动，以完成一天的工作、学习和生活。受到时间和空间条件的制约，人们需要在不同的时间和地点完成不同的活动，并用出行将这些分散的活动联系起来，因而时间分配模式能间接地体现时间因素对活动和出行安排的影响。另一方面，出行是活动的派生需求，对出行行为的分析实质上是对派生这些出行需求的活动安排的研究。分析通勤者时间分配模式、非工作活动参与情况、非工作活动发生时段与工作活动的关联关系，对分析和预测通勤者活动-出行选择行为，制定相应的交通管理政策，引导通勤者非工作活动和出行需求，对缓解城市高峰时段交通拥堵状况有重要的意义。

5.1　时间使用模式

时间因素从活动开始时刻和活动持续时间两个方面影响人们的活动出行行为。由于受到时间和空间的限制，人们需要在不同的时间和地点完成不同的活动。时间使用模式能够间接地体现某地区的交通和人们生活质量的关系。每人每天的可用时间都是 24 小时，然而用这些时间来实现不同的活动出行计划，却能给出行者带来不同的满意程度。

在出行行为分析领域，结构方程模型常用于对出行者时间安排模式的分析。Doubly Cencered Tobit (DCT) 模型是另一种常用于分析时间分配模式的方法。然而这两种模型中各解释变量的边际效用是常数，无法保证各种活动时间之和为 24 小时，且可能输出数字为负的活动时间。活动时间分配还可以从另一个角度来考虑，每种活动的投入时间都是可支配时间总量的一部分，可以表示为一个小数，这样对活动时间具体数值的分析就转化为对这些小数取值的变量的分析，可用 Fractional Logit

Model (FLM)来实现。方法是以某种活动时间占总量的比例为被解释变量，并假设被解释变量和解释变量之间存在 Multinomial Logit Function 形式的函数关系，因此得名 Fractional Logit (FLM)。对取值在[0,1]上的比例数建模，允许取区间端点值，并能保证各分量比例数之和为 1，适用于解决总量分配问题。因此将 FLM 方法用于时间分配模型，能很好地解决结构方程模型和 DCT 模型的局限性问题，保证各种活动时间之和为 24 小时。

5.1.1　FLM 模型

模型以出行者的日出行时间和在其他活动上花费的时间占日可支配时间的比例为因变量。假设出行者 n 在第 i 类活动上花费时间占可支配时间的比例为 y_{ni}，则由时间资源的有限性约束有

$$\sum_{i=1}^{M} y_{ni} = 1(n=1,2,\cdots,N;i=1,2,\cdots,M),\quad 0 \leqslant y_{ni} \leqslant 1 \tag{5-1}$$

出行者及其家庭社会经济属性和与活动类型相关的其他属性组成 $K \times 1$ 维向量 $\boldsymbol{X}_{ni} = (x_{ni,1}, x_{ni,2}, \cdots, x_{ni,K})$，假设 y_{ni} 是 $\boldsymbol{X}_{ni}$ 的函数，考虑如下的计量经济学模型[52]：

$$E(y_{ni} \mid \boldsymbol{X}_n) = G_i(\boldsymbol{\beta}, \boldsymbol{X}_n),\quad 0 < G_i(\cdot) < 1,\quad \sum_{i=1}^{M} G_i(\cdot) = 1 \tag{5-2}$$

式(5-2)中：$\boldsymbol{\beta}$ 为 $K \times 1$ 的模型参数向量；$G_i(\cdot)$为选定的函数形式。满足公式的函数 $G_i(\cdot)$能够保证时间分配比例预测值在[0,1]上，且各比例值之和为 1。若选取 Multinomial Logit Function 为 $G_i(\cdot)$，则

$$E(y_{ni} \mid \boldsymbol{X}_{n1}, \boldsymbol{X}_{n2}, \cdots, \boldsymbol{X}_{nM}) = E(y_{ni} \mid \boldsymbol{X}_n) = \frac{\exp(\boldsymbol{X}'_{ni}\boldsymbol{\beta})}{\sum_{j=1}^{M} \exp(\boldsymbol{X}'_{nj}\boldsymbol{\beta})} \tag{5-3}$$

式(5-3)中：$\boldsymbol{\beta}$ 为待估计参数向量；$\boldsymbol{X}'_{ni}\boldsymbol{\beta}$ 可以看作出行者 n 在第 i 类活动上投入时间比例的效用。

模型的伯努利对数似然函数为

$$\mathrm{LL} = \sum_{n=1}^{N} \sum_{i=1}^{M} y_{ni} \ln \left[\frac{\exp(\boldsymbol{X}'_{ni}\boldsymbol{\beta})}{\sum_{j=1}^{M} \exp(\boldsymbol{X}'_{nj}\boldsymbol{\beta})} \right] \tag{5-4}$$

由于 Multinomial Logit Function 属于 Linear Exponential 函数，通过最大化对数似然函数 LL(公式(5-4)所示)得到的为极大似然估计即是参数 $\boldsymbol{\beta}$ 的一致估计[52]。

5.1.2　模型应用

以某市居民出行调查数据库中的通勤者为研究对象，分析个人及家庭社会经济属性对其在家活动、外出非工作活动和出行 3 类基本活动上时间安排的影响。研究中将一天定义为从 2:00 AM 到第二天 2:00 AM 的 24 小时，此时间范围外的活动和出行不作考虑。对于通勤者而言，可支配总时间为 1 440 min (24 h)减去工作时间。

工作时间定义为第一次到达工作单位时刻与最后一次离开单位时刻之间的时间间隔，从出行调查数据直接得到，作为已知条件。

将公式(5-3)所表示的FLM模型应用于样本数据，被解释变量为在家活动、外出非工作活动、出行时间占可支配总时间的比例。不同的通勤者在3类活动上投入的时间比例受到工作活动特征和通勤者自身及家庭社会经济属性的影响。模型变量定义及参数标定结果如表5-1所列。

表5-1 FLM模型参数标定结果

变量名及定义		参数估计	t 统计量
在家活动时间效用	Constant1（在家活动时间固有常数）	4.916	29.008
	Transit（哑变量，1：公交方式通勤）	0.548	2.766
	Cdis(家到单位距离/km)	0.020	2.108
	Work1（哑变量，1：工作时间≤360 min）	−1.009	−4.310
	Work2（哑变量，1：工作时间>360 min）	0.790	2.852
	Wst（哑变量，1：工作开始时间晚于9:00 AM）	−0.411	−2.167
	Wend（哑变量，1：工作结束时间早于16:30）	−0.381	−2.907
	Jdz（哑变量，1：居住在市中心）	−0.278	−2.904
	Inc（哑变量，1：月收入≤3 500元）	0.246	2.686
出行时间效用	Constant2（出行时间固有常数）	1.998	11.471
	Transit	1.018	5.079
	Cdis	0.067	6.915
	Work1	−0.815	−3.265
	Work2	0.868	3.098
	Wst	−0.497	−2.551
	Wend	−0.508	−2.442
	Jdz	−0.251	−2.681
	Inc	0.256	2.712
外出非工作活动时间效用=0			
LL(**0**)（**0**模型对数似然函数）		−19 347.661	
LL(***β***)（标定后模型对数似然函数）		−6 177.174	
ρ_0^2（似然比）		0.681	
样本量：17 611			

从模型参数标定结果可知，在家活动和出行时间的固有常数均为正，且前者的数值更大。这表明，通勤者在家活动和出行时间效用均为正，这两类活动时间都长于外出非工作活动时间，且在家活动时间最长，与样本实际统计数据相符。

通勤出行方式对在家活动和出行时间都有显著影响。相对其他通勤出行方式，公共交通对在家活动和出行时间效用的影响均为正，说明采用公交方式的通勤者将较多的可支配时间用于在家活动和出行，而参与外出非工作活动的时间较少。这可能是因为公共交通出行效率较低，相同距离的出行时耗更大，直接表现为在出行上投入的时间较多。同时公交通勤对精力和体力的消耗较大，出行者需要有更多的时间在家修整；通勤出行距离是影响时间分配的重要因素，与通勤出行方式相似，通勤距离对在家活动和出行时间的效用都有正的影响。这表明随着家到单位距离的增加，通勤者在增加出行时间投入的同时会将更多可利用的时间用于在家活动，而外出非工作活动时间有所减少。这主要是因为，通勤距离的增加在增加出行时耗的同时也加剧了出行者的体力消耗，直接影响非工作活动安排；工作持续时间是通勤者时间分配的另一个重要影响因素。以通常的 6～10 h 工作时间为基准，工作时间的减少会降低通勤者在家活动和出行时间，同时增加外出非工作活动时间。而工作时间的增加则会带来相反的影响，在家活动和出行时间增加的同时伴随着外出非工作活动时间的减少；工作活动的开始和结束时间也对时间分配模式有所影响。上班时间较晚或下班时间较早的通勤者，对在家活动和出行投入时间较少，而对外出非工作活动投入时间较多。这一方面是因为这类通勤者的工作作息时间使其有更灵活的时间来安排购物、个人事务和文化娱乐等非工作活动，外出非工作活动时间增加，而在家活动时间反而减少。另一方面，较晚的上班时间和较早的下班时间避开了高峰时段的拥堵，出行时耗降低。家庭居住地的位置对通勤者在家活动和出行时间影响相同。这主要是因为家庭居住位置间接反映了居住地周边交通和土地利用的情况，模型标定结果表明，居住在靠近市中心区域的通勤者在家活动和出行时间相对较少，而有更多的时间用于外出非工作活动。这主要是因为，城市中心区域交通便利、土地综合利用率高、可达性好，人们能方便地在住所附近完成各种活动，降低了出行需求和时间消耗；模型中，家庭收入对在家活动和出行时间比例的影响均为正，表明收入较低家庭的通勤者外出非工作活动时间较少，大部分可支配时间用于在家活动。这可能是因为，家庭收入的增加会刺激人们的消费和娱乐需求，使得外出非工作活动时间投入更多。整个模型的参数估计值符合通勤者实际活动和出行安排，且所有模型参数都在 95％的置信度下显著。

下面用所建立的时间分配模型分析压缩工作周和错时上下班策略影响下通勤者时间使用模式的调整。考虑有如下的通勤者基本信息：通勤者从家到单位的距离约 5 km，采用公共交通方式上下班，家住在三环以内，家庭平均月收入在 3 500 RMB 以上，正常工作时间为 8∶30～17∶30。对应的模型解释变量取值为：Transit＝1，Cdis＝5，Work1＝0，Work2＝0，Wst＝0，Wend＝0，Jdz＝1，Inc＝0。该通勤者的工作时间为 540 min，可支配时间为 1 440 min－540 min＝900 min。将解释变量和表 5－1 中的参数估计值代入模型，计算可得此通勤者的在家活动时间比例为 0.884（0.884×900 min≈796 min），出行时间比例为 0.108（0.108×900 min≈97 min），外出非工作活动时间比例为 0.007 6（0.007 6×900 min≈7 min）。

1. 压缩工作周

TDM 策略通过调整城市用地布局和土地开发强度来均衡出行时空分布、引导和限制出行行为，以减少不必要的出行，降低出行的时空消耗，最终达到缓解交通拥堵的目的。压缩工作周是一种对出行时间分布进行调整的策略，是指允许职工减少周工作天数，而工作可由另几天延长工作时间来补足。压缩工作周制度的推行，不仅减少了总的通勤出行需求，而且常常使得工作开始时间提前和结束时间推后，使部分通勤出行错开出行高峰时段，可在一定程度上缓解由通勤出行造成的交通拥堵。

假设采取如下的压缩工作周策略：每周工作 4 day，每天工作时间延长 2 h，工作时间从 8:30～17:30 调整到 8:00～19:00。实施压缩工作周制度后，工作时间增加到 660 min，即 work2＝1，可支配时间减少到 1 440 min－660 min＝780 min，而其他条件不变。将上述条件代入标定后的通勤者时间分配 FSD 模型，通过计算得到通勤者在实行压缩工作周后将在家活动时间比例调整到 0.903（0.903×780 min≈704 min），出行时间比例调整为 0.093（0.093×780 min≈73 min），外出非工作活动时间比例调整到 0.004（0.004×780 min≈3 min）。可见，在压缩工作周策略的影响下，由于工作时间的显著增加，该通勤者在家活动时间明显减少；同时，工作时间的调整使上下班出行避开了高峰时段、提高了出行效率，故用于出行的时间也有明显减少；另外，由于工作时间的延长和时间表的调整，通勤者需要在工作上投入更多的精力，同时可支配时间大大减少、可利用时间的灵活性降低，外出非工作活动的时间投入减少了。

在压缩工作周策略的影响下，通勤者可能会选择出行距离较近的目的地完成非工作活动，甚至减少非工作活动的次数。出行距离的缩短和出行次数的减少都会使出行上投入总时间减少，交通需求量降低，道路交通效率得到改善；外出非工作活动投入时间减少可能带来多种结果。一方面，通勤者可能会放弃一些非必需的外出活动；另一方面也可能会缩短外出活动的持续时间，或者把一些外出非工作活动从工作日调整到休息日。若能有针对性地利用这种出行需求从工作日向非工作日转移的趋势，同样可以使工作日的交通效率得到改善。上述对通勤者时间安排 FSD 模型的分析表明，压缩工作周制度将影响通勤者的时间安排模式，并最终对通勤者出行需求的时间分布产生影响，能够在一定程度上缓解工作日的交通拥堵状况。

2. 错时上下班

错时上下班也是一项 TDM 策略，其目的是在既有道路网络资源条件下，通过调整不同单位和行业的上下班时间，错开出行需求发生的时段，以削减高峰时段交通负荷的峰值，减少交通拥堵和提高道路资源利用率，缓解高峰交通紧张局面，达到交通流量随时间的均匀变化，促进城市交通的安全和畅通[53]。

假设实施如下的错时上下班策略：上班时间推迟 1 h，工作时间长度保持不变而下班时间相应顺延。这样工作时间调整到 9:30～18:30，即 $W\mathrm{st}=1$，可支配时间仍然为 900 min，其他条件也都保持不变。将上述条件代入标定后的通勤者时间分配 FLM 模型，经计算可知，该通勤者在推行错时上下班策略后，在家活动时间比例为 0.875（0.875×900 min≈787 min），出行时间比例为 0.112（0.112×900 min≈

101 min)，外出非工作活动时间比例为 0.013(0.013×900 min≈12 min)。可见，虽然工作时长和可利用时间总量保持不变，但工作开始和结束时间的调整使得通勤者在家时间约减少了 9 min，其中 5 min 被用于外出非工作活动，另 4 min 被用于相关的出行。在错时上下班策略的影响下，工作时间的调整使得上下班出行避开了高峰时段，降低了出行时间消耗；然而，工作开始时间的推后，使通勤者的上班前时段延长、时间灵活性提高，方便安排外出非工作活动，相应活动时间增加。由新增外出非工作活动所派生的出行需求可能使得出行量和出行时间的净变化呈增加的趋势。

错时上下班策略对通勤者活动和出行安排的影响集中在上班前时段。通勤者可能会增加在上班前时段的非工作活动，将原本安排在下班后时段的非工作活动调整到上班前时段，或调整上班前时段非工作活动目的地，选择出行距离更远的目的地，甚至增加非工作出行次数。出行距离和出行次数的增加都可能带来通勤者出行总时间的增加，而引起出行需求的增加。若能把这些出行需求有效地引导到非高峰时段，策略的推行将在高峰时段通勤出行降低的同时，方便通勤者对非工作活动的安排。反之，如果通勤者仍按原来的通勤时间出行，并增加非工作活动和出行的安排，则不仅不能削减高峰时段出行需求，还可能使交通拥堵加剧。因此，需要对通勤者日常活动安排做进一步的深入调查和分析，综合考虑不同企事业单位、服务性单位和大型商场的性质，统一协调具体的错时上下班实施方案。

5.2　日出行时间分析

对出行选择及出行者对出行环境变化的响应行为的理解和量化是制定和实施交通管理政策的前提。基于活动的出行行为分析理论认为，人们参与活动的愿望是产生出行的真正原因，对出行行为的理解都应该从属于对活动参与的先行认识。出行是活动众多特征中的一个方面，与其他活动共同竞争使用有限的时间资源。

持续时间分析常用 4 种计量经济学模型：线性单方程模型、结构方程模型、多项式模型和持续时间分析模型。早期研究多采用线性单方程模型[54,55]，一些学者用线性模型分析了出行者在某类活动上的出行时间消耗[56]。Golob[57,58]运用结构方程模型分别分析了出行者在不同方式和不同活动上的出行时间消耗。持续时间模型主要用于对某类活动持续时间的分析中，在对出行时间的分析中应用较少[59-61]。与传统的线性模型和 Logistic 回归模型不同，持续时间模型分析事件在已持续时间的影响下结束时刻的条件概率，引入时间依赖性的概念，建立了事件结束概率与已持续时间之间的数量关系，能描述事件发生的动态过程。将持续时间模型应用于日出行时间分析，能满足时间数据非负且可能存在截断数据的特点，不需要线性模型和 Tobit 模型关于数据服从正态分布的假设；可以根据时间数据的分布规律选择非对称的理论分布形式，而在非正态假设下线性估计的鲁棒性丧失；事件的结束时点通常与已持续时间相关，持续时间模型允许事件结束的条件概率随事件的发展而变，适宜于对日出行时间的建模分析。

将模型用于样本数据，建立通勤者日出行时间 AFT 模型，考虑风险率随出行时间的递增变化规律并结合似然比检验，模型选择 Weibull 假设。模型变量定义和参数标定结果如表 5-2 所列。

表 5-2 持续时间模型变量定义及参数估计

变量名	参数估计	t 统计量
Constant（模型常数项）	3.815	36.321
Male（哑元，1：男性）	0.041 1	4.178
Young（哑元，1：≤30 周岁）	0.018 4	4.766
Dr（哑元，1：有驾照）	0.024 6	5.055
Wgzcn（哑元，1：家中有无工作成年成员）	0.019 2	4.966
Jdz（哑元，1：居住在市中心）	−0.041 7	−3.049
Minc1（哑元，1：月收入 2 501～5 500 元）	0.011 5	2.218
Minc2（哑元，1：月收入>5 500 元）	0.025 6	1.990
Cdis（家到单位距离/km）	0.048 1	14.765
Bike（哑元，1：自行车方式通勤）	0.038 4	5.163
Ebike（哑元，1：电动车方式通勤）	0.057	5.421
Transit（哑元，1：公共交通）	0.394	6.661
Car（哑元，1：男性）	0.279	6.605
Work（工作持续时间/min）	−0.000 412	−18.230
Numact（外出活动次数）	0.185	9.258
Live（生活类活动时间/min）	0.000 482 5	4.410
p	2.868	12.011
LL($\boldsymbol{\beta}$)（标定后模型对数似然函数）	−8 402.670	

模型中 p 值大于 1 表明风险率随出行时间的延长而增加，验证了出行时间最小化的行为假设。模型有 3 类影响变量：出行者及其家庭的社会经济属性；出行者活动特征；出行方式特征。在 AFT 模型中，模型参数可解释为期望时间的比值。模型参数标定结果表明，男性较女性日出行时间更长，约长 4.11%。这与男性和女性的家庭分工及家庭角色相符，因为女性需要花费更多的时间在家照顾老人和小孩，完成其他家务活动，减少了可用于外出活动和出行的时间。30 周岁以下的通勤者其出行时间约高于中老年通勤者 2%。这可能是随着年龄的增加、体力的下降，年长者会降低外出活动需求、缩小活动空间范围，使出行量和出行时间降低。持有驾照的通勤者

表现出更高的日出行时间消耗，较其他通勤者约高 2.5%。驾照的持有通常和小汽车的使用相关联，小汽车方式提高了出行效率，扩大了出行者活动范围，可能刺激出行量的增加和出行空间范围的扩大，带来日出行时间的增加。无工作成员能分担部分家务，使通勤者在工作之余有更多的时间和精力安排外出非工作活动，从而派生出更多的出行需求，出行时间投入相应增加。家庭居住地的位置对通勤者日出行时间投入有较大的影响，居住地的位置间接地反映居住地周边交通和用地情况，居住在三环内靠近城市中心区域的通勤者其出行时间相对较短，因为城市中心区域交通便利、土地综合利用率高、可达性好，不需要长时间出行就能完成各类非工作活动，出行时间缩短。家庭收入是影响日出行时间消耗的另一重要因素，收入的增加带来购物和娱乐活动需求上升，使出行需求增加、出行时耗上升。

通勤者日出行时间还受到工作活动和出行以及其他活动特征的影响。工作时间越长，由工作活动带来的精力和体力消耗越大，同时可自由支配时间减少，外出非工作活动相应减少；通勤出行距离直接影响通勤出行时间，出行距离每增加 1 km，出行时间约增加 4%；通勤出行方式对日出行时间影响规律非常明显，选择机动出行方式的通勤者出行时间高于选择非机动出行方式者，一方面是因为机动出行方式通勤者的通勤距离更远，另一方面机动出行方式有利于安排距离较远的非工作出行。选择公交方式与选择小汽车的通勤者相比，有更多的日出行时间，这是出行效率和出行量两方面作用的结果；生活类活动时间直接影响到日出行时间，每 1 小时生活类活动约增加 3%的出行时间；外出活动次数越多，日出行时间越长，每增加一次外出活动，出行时间约增加 15%。图 5-1 给出了由 AFT 模型估计的风险率曲线，可见出行结束的条件概率随出行持续时间的增加而上升，说明出行时间最小化的行为假设在大部分通勤者中成立，与 Joly[62] 对法国里昂居民出行数据的分析结论不同。该研究发现

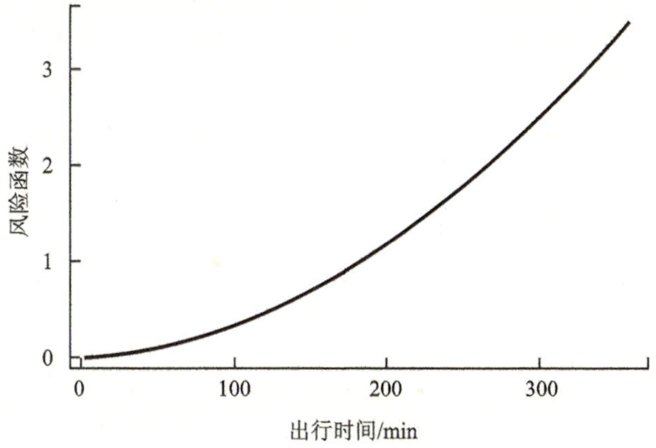

图 5-1　风险率函数的模型估计

日出行时间风险率呈U形分布，并在76 min附近出现拐点。研究人员将这一结果归结为两类出行者的存在：一类追求出行时间最小化，另一类受客观条件限制无法使出行时间最小化。对日出行时间分析的不同结论与分析样本有关，本研究只包括通勤者样本，而Joly的研究采用全体出行者样本；还与居民出行选择行为有关，有待深入研究。

5.3 活动安排模式

随着经济的发展和城市化进程的加速，城市规模扩大、用地布局进一步调整，城市居民出行需求增加，出行目的复杂多样化[63]。某市居民出行调查数据显示，在7:30～9:30的早高峰时段，非工作出行比例高达39%，而16:30～18:30以回家为主要目的的晚高峰时段，非工作出行比例也占到15%。上下班途中发生的非工作活动约占通勤者参与非工作活动总量的65%，这类发生在通勤途中的非工作出行增加了高峰时段的出行需求。可见，早晚高峰时段非工作出行需求的增加，加剧了交通拥堵。为从根本上缓解城市高峰时段交通拥堵状况，在对高峰时段工作出行需求进行有效管理的同时，还需要对非工作出行需求的时空分布进行引导和控制。

为此，以单个通勤者为研究对象，采用基于活动的方法分析影响通勤者非工作活动参与及活动时段选择的主要因素，讨论研究结论对出行需求预测和管理的意义。

5.3.1 CDP模型

对通勤者非工作活动参与和活动时段选择的分析涉及两个问题：① 具有什么属性的通勤者会参加非工作活动；② 在有非工作活动安排的通勤者中，哪些更倾向于在上下班途中完成这些活动。两个问题分别与一个二元离散选择变量对应，用A和T表示，变量A对全体通勤者样本都有观测值，而变量T仅对参加非工作活动的通勤者有观测值。像这样仅对某些观测有信息的样本称作截取样本。CDP(Censored Probit Model)模型[64,65]是Probit模型对截取样本分析的扩展，可用于上述问题的分析。

假设通勤者i是否参加非工作活动的选择为A_i，取值1和0分别表示参加和不参加；通勤者i是否将非工作活动安排在上下班途中的选择为T_i，取值1和0分别表示安排和不安排。用来描述这两项选择的CDP模型有如下形式：

非工作活动参加选择： $$A_i^* = \boldsymbol{\beta}'\mathbf{X}_i + \varepsilon_i, \quad A_i = \begin{cases} 1, & A_i^* > 0 \\ 0, & A_i^* \leqslant 0 \end{cases} \tag{5-5}$$

非工作活动时段选择： $$T_i^* = \boldsymbol{\gamma}'\mathbf{V}_i + \omega_i, \quad T_i = \begin{cases} 1, & T_i^* > 0 \\ 0, & T_i^* \leqslant 0 \end{cases} \tag{5-6}$$

抽样规则：$A_i \notin \varnothing, \forall X_i$；$T_i \notin \varnothing$，当且仅当 $A_i = 1$ (5-7)

选择关系：$$[\varepsilon_i, \omega_i] \sim N_2(0,0,1,1,\rho) \tag{5-8}$$

式中：A_i^* 为参与非工作活动选择效用隐变量；T_i^* 为非工作活动时段选择效用隐变量；$\boldsymbol{X}_i$、$\boldsymbol{V}_i$ 为属性向量；$\boldsymbol{\beta}$、$\boldsymbol{\gamma}$ 为模型参数向量；ε_i、ω_i 为模型随机项；ρ 是 ε_i 和 ω_i 的相关系数。式(5-5)和式(5-7)分别为选择方程和结果方程。样本中可能出现 3 种观测结果，由式(5-8)可得如下样本概率：

(1) $A_i=0$

$$\begin{aligned}\text{Prob}(A_i=0 \mid \boldsymbol{X}_i, \boldsymbol{V}_i) = \text{Prob}(\varepsilon_i \leqslant -\boldsymbol{\beta}'\boldsymbol{X}_i \mid \boldsymbol{X}_i, \boldsymbol{V}_i) = \\ \Phi(-\boldsymbol{\beta}'\boldsymbol{X}_i)\end{aligned} \tag{5-9}$$

(2) $A_i=1$ 且 $T_i=0$

$$\begin{aligned}\text{Prob}(T_i=0, A_i=1 \mid \boldsymbol{X}_i, \boldsymbol{V}_i) = \text{Prob}(\omega_i \leqslant -\boldsymbol{\gamma}'\boldsymbol{V}_i, \varepsilon_i > -\boldsymbol{\beta}'\boldsymbol{X}_i \mid \boldsymbol{X}_i, \boldsymbol{V}_i) = \\ \Phi_2(-\boldsymbol{\gamma}'\boldsymbol{V}_i, \boldsymbol{\beta}'\boldsymbol{X}_i, -\rho)\end{aligned} \tag{5-10}$$

(3) $A_i=1$ 且 $T_i=1$

$$\begin{aligned}\text{Prob}(T_i=1, A_i=1 \mid \boldsymbol{X}_i, \boldsymbol{V}_i) = \text{Prob}(\omega_i > -\boldsymbol{\gamma}'\boldsymbol{V}_i, \varepsilon_i > -\boldsymbol{\beta}'\boldsymbol{X}_i \mid \boldsymbol{X}_i, \boldsymbol{V}_i) = \\ \Phi_2(\boldsymbol{\gamma}'\boldsymbol{V}_i, \boldsymbol{\beta}'\boldsymbol{X}_i, \rho)\end{aligned} \tag{5-11}$$

由样本概率式(5-9)~式(5-11)得到模型的对数似然函数：

$$\begin{aligned}E[T_i \mid \boldsymbol{X}_i, \boldsymbol{V}_i, y=1] - E[T_i \mid \boldsymbol{X}_i, \boldsymbol{V}_i, y=0] = \\ \Phi_2(\boldsymbol{\gamma}'\boldsymbol{V}_i, \boldsymbol{\beta}'\boldsymbol{X}_i, \rho)_{y=1} - \Phi_2(\boldsymbol{\gamma}'\boldsymbol{V}_i, \boldsymbol{\beta}'\boldsymbol{X}_i, \rho)_{y=0}\end{aligned} \tag{5-12}$$

式(5-12)中：N_1、N_2 和 N 分别为第一类、第二类样本数和样本总数。最大化公式即可得到模型参数的一致估计[65]。

得到模型参数估计后，可以分析属性变量对通勤者非工作活动参与情况和活动时间安排影响的大小。视解释变量为连续变量和二分变量两种情况分别讨论。首先对于选择模型，有

$$\begin{aligned}E(A_i \mid \boldsymbol{X}_i, \boldsymbol{V}_i) = \text{Prob}(A_i=1 \mid \boldsymbol{X}_i, \boldsymbol{V}_i) = \\ \Phi_2(-\boldsymbol{\gamma}'\boldsymbol{V}_i, \boldsymbol{\beta}'\boldsymbol{X}_i, -\rho) + \Phi_2(\boldsymbol{\gamma}'\boldsymbol{V}_i, \boldsymbol{\beta}'\boldsymbol{X}_i, \rho)\end{aligned} \tag{5-13}$$

同理，对于选择模型，有

$$\begin{aligned}E(T_i \mid \boldsymbol{X}_i, \boldsymbol{V}_i) = \text{Prob}(T_i=1 \mid \boldsymbol{X}_i, \boldsymbol{V}_i) = \\ \Phi_2(\boldsymbol{\gamma}'\boldsymbol{V}_i, \boldsymbol{\beta}'\boldsymbol{X}_i, \rho)\end{aligned} \tag{5-14}$$

设 y 为 $\boldsymbol{X}_i$ 和 $\boldsymbol{V}_i$ 所共有或特有的某一属性变量，当 y 为连续变量时，可得对 A_i 边际效用为

$$\begin{aligned}\partial E(A_i \mid \boldsymbol{X}_i, \boldsymbol{V}_i)/\partial y = \partial[\Phi_2(-\boldsymbol{\gamma}'\boldsymbol{V}_i, \boldsymbol{\beta}'\boldsymbol{X}_i, -\rho) + \Phi_2(\boldsymbol{\gamma}'\boldsymbol{V}_i, \boldsymbol{\beta}'\boldsymbol{X}_i, \rho)]/\partial y = \\ \varphi(\boldsymbol{\beta}'\boldsymbol{X}_i)\beta_y\end{aligned} \tag{5-15}$$

同理，可得对 T_i 的边际效用为

$$\partial E(T_i \mid \boldsymbol{X}_i, \boldsymbol{V}_i)/\partial y = \partial \Phi_2\left(\boldsymbol{\gamma}'\boldsymbol{V}_i, \boldsymbol{\beta}'\boldsymbol{X}_i, \rho\right)/\partial y =$$

$$\phi(\boldsymbol{\gamma}'\boldsymbol{V}_i)\Phi\left(\frac{\boldsymbol{\beta}'\boldsymbol{X}_i - \rho\boldsymbol{\gamma}'\boldsymbol{V}_i}{\sqrt{1-\rho^2}}\right)\gamma_y + \phi(\boldsymbol{\beta}'\boldsymbol{X}_i)\Phi\left(\frac{\boldsymbol{\gamma}'\boldsymbol{V}_i - \rho\boldsymbol{\beta}'\boldsymbol{X}_i}{\sqrt{1-\rho^2}}\right)\beta_y \tag{5-16}$$

式(5-16)中：γ_y、β_y 分别为解释变量 y 在 T_i^* 和 A_i^* 中的系数。

当 y 为二分变量时，对 A_i 的边际效用为

$$\begin{aligned} &E[A_i \mid \boldsymbol{X}_i, \boldsymbol{V}_i, y=1] - E[A_i \mid \boldsymbol{X}_i, \boldsymbol{V}_i, y=0] = \\ &[\Phi_2(-\boldsymbol{\gamma}'\boldsymbol{V}_i, \boldsymbol{\beta}'\boldsymbol{X}_i, -\rho) + \Phi_2(\boldsymbol{\gamma}'\boldsymbol{V}_i, \boldsymbol{\beta}'\boldsymbol{X}_i, \rho)]_{y=1} - \\ &[\Phi_2(-\boldsymbol{\gamma}'\boldsymbol{V}_i, \boldsymbol{\beta}'\boldsymbol{X}_i, -\rho) + \Phi_2(\boldsymbol{\gamma}'\boldsymbol{V}_i, \boldsymbol{\beta}'\boldsymbol{X}_i, \rho)]_{y=0} \end{aligned} \tag{5-17}$$

同理，对 T_i 的边际效用为

$$\begin{aligned} &E[T_i \mid \boldsymbol{X}_i, \boldsymbol{V}_i, y=1] - E[T_i \mid \boldsymbol{X}_i, \boldsymbol{V}_i, y=0] = \\ &\Phi_2(\boldsymbol{\gamma}'\boldsymbol{V}_i, \boldsymbol{\beta}'\boldsymbol{X}_i, \rho)_{y=1} - \Phi_2(\boldsymbol{\gamma}'\boldsymbol{V}_i, \boldsymbol{\beta}'\boldsymbol{X}_i, \rho)_{y=0} \end{aligned} \tag{5-18}$$

5.3.2 模型的应用

以某市居民出行调查数据库中的通勤者为研究对象，用式(5-5)～式(5-8)建立通勤者上下班途中非工作活动安排 CDP 模型。模型涉及通勤者是否参加非工作活动和非工作活动是否安排在上下班途中的两个选择，分别对应模型的选择方程和结果方程。变量定义及模型参数标定结果如表 5-3 所列。

从选择方程参数标定结果可以看出，出行者及其家庭的社会经济属性、工作活动和出行特征都对通勤者参加非工作活动的选择有影响。家庭成年成员人数对参加非工作活动的影响为负。这可能是因为工作日的非工作活动以生活和购物目的为主，成年成员的增加意味着这些外出活动可以在更多的成员之间分担，从而减轻了通勤成员参加非工作活动的负担。家中若有无工作的成年成员，同样会降低通勤者的非工作活动概率，因为无工作成员有更多的可用时间来分担生活和购物类的外出活动。家中有 6 岁以下儿童、小学生或中学生，都会不同程度地增加通勤者参加非工作活动的概率，其中又以小学生成员的影响幅度最大。这主要是因为幼龄儿童会带来上下学接送需求，直接增加了通勤者参加非工作活动的需要。家庭收入对通勤者非工作活动选择的影响为正。随着家庭收入的增加，人们有了更多外出生活和娱乐活动的需要，因此相比之下来自低收入家庭的通勤者对非工作活动的选择效用较低。家庭居住地位置能够间接地反映居住地周边的交通和用地状况，模型结果表明，居住在靠近城市中心区域的通勤者安排非工作活动的概率更大。工作活动时间是另一个影响非工作活动安排的重要因素，工作持续时间较短的通勤者参加非工作活动的概率更

大，因为他们有更多、更机动的时间和精力来完成非工作活动。

表 5-3　CDP 模型变量定义及参数标定结果

变量名		参数估计	t 统计量
选择方程	Constant1（选择方程常数项）	−1.398	−6.783
	Cncy（家中成年成员人数）	−0.072	−3.779
	Wgzcn（哑变量，1：家中有无工作成年成员）	−0.143	−4.734
	Xxs（哑变量，1：家中有小学生）	0.733	10.813
	Zxs（哑变量，1：家中有中学生）	0.213	5.545
	Ch6（哑变量，1：家中有 6 周岁以下成员）	0.380	8.125
	Minc1（哑变量，1：月收入<2 500 元）	−0.237	−6.167
	Minc2（哑变量，1：月收入在 2 500～5 500 元）	−0.132	−4.047
	Jdz（哑变量，1：居住在市区）	0.089	3.511
	Wdur1（哑变量，1：工作持续时间<361 min）	0.506	7.602
	Wdur2（哑变量，1：工作持续时间>600 min）	−0.206	−5.891
	Age（年龄，周岁）	0.008	6.236
	J（哑变量，1：持有驾照）	0.136	5.243
结果方程	Constant2（结果方程常数项）	−0.211	−3.574
	Xxs	0.303	2.427
	Ch6	0.200	2.080
	Jdz	−0.196	−3.493
	Cdis（家到单位距离/km）	0.053	8.825
	Cmode1（哑变量，1：步行方式通勤）	0.332	2.814
	Cmode2（哑变量，1：自行车方式通勤）	0.270	3.527
	Cmode3（哑变量，1：小汽车方式通勤）	0.637	6.282
	Wst（哑变量，1：工作开始时间早于 8:00）	−0.231	−3.575
	Wend（哑变量，1：工作结束时间晚于 19:00）	−0.383	−3.427
	Wdur（工作持续时间/min）	0.001	3.614
	Age	−0.012	−3.762
ρ		−0.535	−2.996
N（样本量）		17 611	
Censored（截断数据样本量）		15 357	
Uncensored（未截断数据样本量）		2 254	
LL(**0**)（**0** 模型对数似然函数）		−12 207.015	
LL($\boldsymbol{\beta}$)（标定后模型模型对数似然函数）		−7 328.854	
ρ_0^2（似然比）		0.400	

结果方程的影响变量与选择方程有所不同。中小学生成员会增加通勤者在上下班途中安排非工作活动的概率,因为年幼成员的接送出行与上下班时间接近,增加了中途接送停驻需求。家庭居住地位置对非工作活动安排的影响与对活动参与选择的影响相反,方向为负。这主要是因为靠近城市中心区域交通便利、土地综合利用率高,便于在家附近完成各种活动,通勤者下班后可先回家休息一段时间再外出,不必在忙碌的上下班途中进行非工作活动;随着通勤距离的增加,非工作活动被安排在通勤途中的概率越大。通勤距离的增加使出行时耗增大,在同样的工作时间下离开家去工作的时间提前、而下班后到家时间推迟,可用于非工作活动的时间受到限制,使通勤者更倾向于将非工作活动安排在通勤途中。通勤出行方式是另一个重要影响因素,相对于公共交通,选择步行、自行车和小汽车出行方式的通勤者更倾向于将非工作活动安排在通勤途中,因为这些方式不受出行线路和服务时间限制,能灵活地安排中途停驻、改变出行路径,有利于非工作活动的安排;受工作活动限制,上班时间很早或下班时间很晚的通勤者不倾向于在通勤途中安排非工作活动,因为此时很多非工作活动地点还未开放或已关闭。相反,工作时间的延长使得在通勤途中安排非工作活动的选择效用随之增加;此外,与男性相比,女性更倾向于在通勤途中安排非工作活动,这可能与家庭角色和家庭分工有关。女性通常承担更多的家务,将更多的时间用于在家照顾老人和小孩,需要在上下班途中插入一些必须的非工作活动,以减少从家外出完成相关活动的出行时耗。各模型变量对选择概率的实际影响大小如表 5-4 所列。

表 5-4 通勤者非工作活动时间安排条件概率边际效用

变量名		边际效用	变量类型
选择方程	Cncy	−0.014 6	哑变量
	Wgzcn	−0.026 1	哑变量
	Xxs	0.074 6	哑变量
	Zxs	0.046 0	哑变量
	Ch6	0.049 8	哑变量
	Minc1	−0.041 4	哑变量
	Minc2	−0.024 0	哑变量
	Jdz	0.011 9	哑变量
	Wdur1	0.118 7	哑变量
	Wdur2	−0.037 9	哑变量
	Age	0.001 6	连续变量
	Jl	0.027 3	哑变量

续表 5-4

变量名		边际效用	变量类型
结果方程	Xxs	0.146 5	哑变量
	Ch6	0.070 0	哑变量
	Jdz	−0.001 8	哑变量
	Cdis	0.002 4	哑变量
	Cmode1	0.014 4	哑变量
	Cmode2	0.011 7	哑变量
	Cmode3	0.030 1	哑变量
	Wst	−0.010 4	哑变量
	Wend	−0.017 2	哑变量
	Wdur	0.000 1	连续变量
	Age	−0.000 5	连续变量
	Male	−0.005 5	哑变量

5.4 通勤出行时间差异性分析

随着交通规划重点从大规模投资项目规划向交通系统管理的转变，基于活动的出行行为分析方法逐渐替代传统的“四步骤”方法，成为交通需求预测和管理的主导范式[66]。从“四步骤”法到基于活动的方法，行为分析的兴趣点从宏观集计层面具体到微观个体层面，更强调对交通需求的管理和控制[2]。基于活动的出行行为分析单位可以界定在不同的层次，如微观层面的某次出行发生于某个往返行程，隶属于宏观层面的某个出行者、家庭、交通小区，表现出一定的嵌套或交叉分类关系。事实上，分析单元越微观，其受到的宏观层级的影响越复杂，研究中越需要深入考虑不同层次宏观因素对出行行为的影响[3]。

出行行为领域的已有研究大都以微观层面的活动-出行选择为分析单元，并假设各单元之间相互独立，或忽略宏观层面的影响，或通过设置哑变量来描述这一影响。然而当宏观层次的属性对选择行为的影响不能忽略时，来自同一宏观层面单元的调查样本不再相互独立，建立于分析单元独立性假设之上的研究结论将不再成立[4-6]。针对上述问题，可以从以下三个方面来考虑。首先，放松对观测样本独立性的假设，在模型构造和解释环节考虑样本相关性；其次，通过对模型随机项结构的设置，在同一模型体系中研究选择行为异质性中可观测部分与不可观测部分及其相互影响；最后，考虑家庭成员间相互影响等个体时间选择的情景因素，更真实地描述实际选择行为。

通勤出行方式和出行时间是通勤者日常活动-出行选择的主要决策内容，与路径选择一起，共同决定了城市早晚高峰时段交通需求的时空分布，是交通规划和管理领域的重要研究课题。不同方式的通勤出行在出行时间属性上呈现出显著差异，建立能够同时分析通勤出行方式和出行时间选择及其相互影响的模型系统，对准确预测通勤出行选择行为及其对交通管理工作的影响有重要意义。

5.4.1 多层线性模型

出行个体隶属于家庭，家庭成员共同分享家庭收入、居住空间、交通工具等家庭资源，分担家庭事务，成员间的这些相互关系以多种方式影响到个体层面的活动-出行选择。

活动和出行受到时间和空间条件的限制，用地类型、设施位置和人口分布等空间属性也是出行选择行为的重要影响因素。为了研究在微观和宏观层面影响因素及其相互作用影响下的出行选择行为，下面综合出行者个体、家庭和空间位置因素对研究单元进行界定：以通勤出行时间选择为对象，采用多层次分析法，首先将出行时间选择差异分解为空间差异、家庭间差异和出行者个体间差异三部分；然后研究每一部分差异对出行时间的影响；最后分析每一部分差异与可观测变量之间的关系。

出行行为研究所用数据主要来自于居民出行调查，活动和出行信息存在于以个体为单位的出行日记中，在结构上可以视为出行、往返行程、决策者、家庭、社区等从低到高的分层层次。多层线性模型利用活动-出行数据的这一结构特点，描述各层次属性变量对出行行为差异的贡献，为更好地理解出行决策过程提供了有效的分析方法。

本研究将通勤出行时间差异分解为个体差异、家庭差异和空间差异。个体差异是最底层，家庭差异和空间差异存在交叉分类关系，同处于模型的第二层次。假设某一通勤出行样本的空间位置属性分类为 k，则得到第一层次通勤出行时间 t（实际时间距离零点的分钟数）的回归模型：

$$t_{ijk}=\beta_{0jk}+\boldsymbol{\beta}_{1jk}^{\mathrm{T}}\boldsymbol{X}_{ijk}+\varepsilon_{ijk} \tag{5-19}$$

式(5-19)中：t_{ijk} 为来自家庭 $j\,(j=1,\cdots,J)$，空间属性为 $k\,(k=1,\cdots,K)$ 的出行者 i $(i=1,\cdots,I)$ 的通勤出行时间；β_{0jk} 为模型常数项，$\boldsymbol{\beta}_{1jk}$ 为模型一次项系数；$\boldsymbol{X}_{ijk}$ 是包含出行者个体、家庭和空间属性的解释变量；ε_{ijk} 是个体层面也即第一层模型的回归误差项，且有 $\varepsilon_{ijk}\sim N(0,\sigma_{\varepsilon}^{2})$。

式(5-19)中的参数 β_{0jk} 随家庭和空间属性而不同。其均值为 γ_0，在不同家庭和空间属性间的变化可表示为随机变量 b_{0j} 和 c_{0k}：

$$\beta_{0jk}=\gamma_0+b_{0j}+c_{0k} \tag{5-20}$$

其中 $E(b_{0j})=0$，$\mathrm{Var}(b_{0j})=\sigma_{b0}^2$，$E(c_{0k})=0$，$\mathrm{Var}(c_{0j})=\sigma_{c0}^2$。

若设定式(5-19)中的某个一次项系数 β_{1jk}^{l} 为随机变化的模型参数，则有

$$\beta_{1jk}^{l}=\gamma_1+b_{1j}+c_{1k} \tag{5-21}$$

其中 $E(b_{1j})=0$，$\mathrm{Var}(b_{1j})=\sigma_{b1}^2$，$E(c_{1k})=0$，$\mathrm{Var}(c_{1k})=\sigma_{c1}^2$。

式(5-19)～式(5-21)定义的两层模型描述了在个体、家庭和空间位置属性共同影响下的通勤出行时间选择行为。其中家庭和空间属性处于模型第二层，通过交叉分类关系作用于第一层的个体通勤出行时间决策。

5.4.2　通勤出行时间分析

以某市2005年居民出行调查数据库为数据来源，研究双职工家庭通勤出行时间选择，样本来自5 899个家庭的11 798个通勤者。表5-5为样本通勤出行时间统计结果。研究中，通勤出行方式划分为非机动方式(包括步行和自行车方式)、公共交通和小汽车共3种方式。从表5-5可知，就上班出行而言，离开家的平均时间为早上7:37左右。若按升序排列通勤出行时间，处于中间50%的样本通勤出行时间为早上7:00～8:00。

表5-5　多层线性模型样本通勤出行时间统计

样本量	均　值	方　差	众　数	25%分位点	中位数	75%分位点	值　域
11 798	457.57	72.70	450.00	420.0	450.00	480.00	1 140.00

研究中将被调查区域划分为市中心、市区和市郊，根据通勤者家庭居住地和工作单位所在地的空间位置对通勤出行的空间属性进行描述，得到9种不同的组合，作为式(5-20)和式(5-21)中家庭和空间属性交叉分类的依据。

1. 零模型

首先，将样本数据应用于不含任何解释变量的零模型，以检验通勤出行时间是否表现出显著的出行者个体、出行者家庭和空间属性差异性。零模型定义如下：

$$\begin{aligned} t_{ijk}&=\beta_{0jk}+\varepsilon_{ijk} \\ \beta_{0jk}&=\gamma_0+b_{0j}+c_{0k} \end{aligned} \tag{5-22}$$

通过组内相关系数(Intraclass Correlation Coefficient，ICC)可以衡量通勤出行时间总体差异中由第二层的家庭和空间属性差异所占比例。ICC定义如下：

$$\mathrm{ICC}_1=\mathrm{Corr}(t_{ijk},t_{ijk'})=\frac{\hat{\sigma}_{b0}^2}{\hat{\sigma}_{b0}^2+\hat{\sigma}_{c0}^2+\hat{\sigma}_{\varepsilon}^2} \tag{5-23}$$

$$\mathrm{ICC}_2=\mathrm{Corr}(t_{ij'k},t_{ijk})=\frac{\hat{\sigma}_{c0}^2}{\hat{\sigma}_{b0}^2+\hat{\sigma}_{c0}^2+\hat{\sigma}_{\varepsilon}^2} \tag{5-24}$$

式(5－23)和式(5－24)中：ICC_1 表示通勤出行时间选择在家庭层面的相关性；ICC_2 表示通勤出行时间选择在空间地域层面的相关性。

在零模型中，通勤出行时间选择差异被分解为个体差异、家庭属性差异和通勤空间位置差异三部分，模型标定结果如表 5－6 所列。从表中可知，通勤出行时间选择的总体差异中，出行者个体间的差异所占比例最大。与家庭属性和空间位置属性对应的 ICC 分别为 19.05 和 6.53，表明家庭属性和通勤出行空间位置属性对通勤出行时间选择的层级影响效果显著，应该选用层次分析法进行建模分析。

表 5－6　多层线性模型参数标定结果(零模型)

模型成分	参数估计值	
固定影响		
γ_0	448.40	
随机影响	σ^2	百分比%
ε_{ijk}	4 128.88	74.42
b_{0j}	1 056.68	19.05
c_{0k}	362.55	6.53
合计	—	100.00
$-2\log L$	134 335.85	

注：所有参数均在 0.05 水平显著。

2. 完整模型

为了进一步分析零模型中各随机影响成分能够被个人、家庭和通勤出行空间位置属性解释的程度，需要建立包含相关属性变量的完整模型。模型变量定义如表 5－7 所列，模型结构如下：

$$t_{ijk}=\beta_{0jk}+\beta_1\times \mathrm{cdis}_{ijk}+\alpha_1\times \mathrm{hw}_{ijk}+\alpha_2\times \mathrm{tran}_{ijk}+\alpha_3\times \mathrm{car}_{ijk}+\alpha_4\times \mathrm{age}_{ijk}+\beta_2\times \mathrm{gender}_{ijk}+\alpha_5\times \mathrm{wstart}_{ijk}+\alpha_6\times \mathrm{xxs}_{ij}+\alpha_7\times \mathrm{iurb}_{ij}+\varepsilon_{ijk} \tag{5-25}$$

$$\beta_{0jk}=\gamma_0+b_{0j}+c_{0k} \tag{5-26}$$

$$\beta_1=\gamma_1+b_{1j}+c_{1k} \tag{5-27}$$

$$\beta_2=\gamma_2+b_{2j} \tag{5-28}$$

与模型(5－22)相比，式(5－25)中增加了两个随机变化的一次项。其中，家到单位距离对通勤出行时间的影响随家庭和通勤出行空间属性而变，而性别的影响则与家庭有关。模型参数标定结果如表 5－8 所列。

表 5-7　多层线性模型变量定义(完整模型)

性　质	变量名	定义及取值
个　体	hw	1：上班途中有非工作活动
	tran	1：公交方式上班
	car	1：小汽车方式上班
	cdis	家到单位距离/km
	gender	1：男性
	age	通勤者年龄/周岁
	wstart	工作开始时间，距零点分钟
家　庭	xxs	家中有小学生
空间位置	iurb	1：家住市中心

表 5-8　多层线性模型参数标定结果(完整模型)

模型成分		参数估计值	t 统计量
固定影响	γ_0	455.14	1 114.39
	γ_1	−2.95	−28.65
	γ_2	3.18	4.41
	hw	−15.32	−25.67
	tran	−9.50	−27.61
	car	−3.26	38.92
	age	−0.028	−2.56
	wstart	0.97	171.40
	xxs	−1.25	−3.96
	iurb	2.83	4.71
随机影响		σ^2	
	ε_{ijk}	1 191.27	
	b_{0j}	863.678	
	c_{0k}	196.31	
	b_{1j}	0.57	
	c_{1k}	0.30	
	b_{2j}	110.41	
$-2\log L$		−117 206.27	

表 5-8 的上半部分给出了模型的固定影响。首先，平均通勤出行时间为 455 min，与样本均值非常接近；通勤途中的非工作活动安排直接影响通勤出行时间选择。为了在上班途中安排非工作活动，通勤出行时间需要提前约 15 min；通勤出行时间还因出行方式而不同。相比于步行和自行车等非机动方式，选择机动方式的

通勤者的出行时间更早。其中,公交方式通勤者的上班时间需要提前近 10 min;年龄对通勤出行时间选择的影响为负,年长者往往需要更早的出行时间以应对年龄增长、体力下降所带来的出行不便。家庭结构也对通勤出行时间有显著影响。当家中有小学生时,通勤出行时间会相应提前,可能与通勤途中送子女的安排有关。另外,通勤出行还与居住地位置有关。当居住在市中心时,通勤出行时间较晚。这可能与市中心便利的交通资源有关。

表 5-8 的下半部分给出了模型的随机影响。通勤距离对通勤出行时间的影响为负,单位长度通勤距离对通勤时间的影响随家庭属性和通勤出行端点的空间位置属性而不同,方差为 0.57。通勤者性别对通勤出行时间选择的影响随家庭属性而不同,方差为 110.41。这可能与家庭成员结构和家庭发展阶段等家庭属性有关。

第6章　个体活动-出行选择行为相互影响研究

家庭成员共同分享收入、居住空间、交通工具等家庭资源，并以不同角色承担相应家庭职能，分担家庭事务，成员间的这些相互关系以多种方式影响到活动和出行选择。对成员相互关系、成员间家庭事务分配情况的理解对建立基于活动的出行行为分析系统至关重要。本章以通勤者家庭为分析对象，研究主要成员在工作、非工作活动与出行方面的相互限制和关联关系。

6.1　活动-出行需求在家庭成员间的分配

近十年间学者们对家庭成员活动和出行行为的相互限制和关联关系的研究所采用的方法主要有4种[67]，即结构方程(SEM)[68,69]、离散选择模型[70,71]、时间分配模型[67,72]和微观仿真模型[73]。对家庭成员在活动和出行安排方面相互影响和制约的分析涉及对大量模型系统内生变量之间相互影响关系的分析。SEM是一个方程式的体系，方法融合了因子分析和路径分析两种统计技术，能有效处理多个内生变量间的相互制约和关联关系，是分析成员间活动和出行选择相互影响的有力工具。

6.1.1　SEM模型

一个不含隐变量的SEM模型体系可表示为下面的形式：

$$\begin{cases} y_1 = \beta_{11}y_1 + \beta_{21}y_2 + \cdots + \beta_{G1}y_G + \gamma_{11}x_1 + \gamma_{21}x_2 + \cdots + \gamma_{K1}x_K + \varepsilon_1 \\ y_1 = \beta_{12}y_1 + \beta_{22}y_2 + \cdots + \beta_{G2}y_G + \gamma_{12}x_1 + \gamma_{22}x_2 + \cdots + \gamma_{K2}x_K + \varepsilon_2 \\ \vdots \\ y_G = \beta_{1G}y_1 + \beta_{2G}y_2 + \cdots + \beta_{GG}y_G + \gamma_{1G}x_1 + \gamma_{2G}x_2 + \cdots + \gamma_{KG}x_K + \varepsilon_G \end{cases} \tag{6-1}$$

并可进一步表示为矩阵形式：

$$\boldsymbol{Y} = \boldsymbol{BY} + \boldsymbol{\Gamma X} + \boldsymbol{\varepsilon} \tag{6-2}$$

式(6-2)中：$\boldsymbol{Y}=[y_1, y_2, \cdots, y_G]$，是由模型内生变量组成的$G$维列向量；$\boldsymbol{X}=[x_1,$

$x_2,\cdots,x_K$]，是由模型外生变量组成的 K 维列向量；$\boldsymbol{B}=\begin{bmatrix}\beta_{11} & \beta_{21} & \cdots & \beta_{G1}\\ \beta_{12} & \beta_{22} & \cdots & \beta_{G2}\\ \vdots & \vdots & & \vdots\\ \beta_{1G} & \beta_{2G} & \cdots & \beta_{GG}\end{bmatrix}$，是与模型右侧内生变量对应的 $G\times G$ 参数矩阵，元素 β_{ij} 是内生变量 y_i 对内生变量 y_j 的作用；$\boldsymbol{\Gamma}=\begin{bmatrix}\gamma_{11} & \gamma_{21} & \cdots & \gamma_{K1}\\ \gamma_{12} & \gamma_{22} & \cdots & \gamma_{K2}\\ \vdots & \vdots & & \vdots\\ \gamma_{1G} & \gamma_{2G} & \cdots & \gamma_{KG}\end{bmatrix}$，是与模型外生变量对应的 $G\times K$ 参数矩阵，元素 γ_{ij} 是外生变量 x_i 对内生变量 y_j 的作用；$\boldsymbol{X}=[\varepsilon_1,\varepsilon_2,\cdots,\varepsilon_K]$，是由模型随机项组成的 G 维列向量。

模型中，参数矩阵 $\boldsymbol{B}$ 和 $\boldsymbol{\Gamma}$ 共同决定了 SEM 模型的结构，这两个系数矩阵和外生变量 $\boldsymbol{X}$ 的协方差矩阵 $\boldsymbol{\Omega}$、随机项 $\boldsymbol{\varepsilon}$ 的协方差矩阵 $\boldsymbol{\Psi}$ 共同决定了模型变量之间的相互关系。变量 $\boldsymbol{X}$ 和 $\boldsymbol{Y}$ 共同组成模型的可观测变量，而随机项 $\boldsymbol{\varepsilon}$ 则是不可观测的。

6.1.2 模型设定

研究将重点分析日有成员参加通勤出行的家庭中，两个主要家庭成员(夫妻两人)在活动和出行选择上的相互影响。工作及相关出行的时间相对稳定，工作者不能随意调整工作时间，只能在工作活动的时空限制下完成非工作活动和出行，因此将夫妻两人的工作及相关出行时间作为系统外生变量。外生变量还包括成员及家庭的社会经济属性、家庭结构特征等。而两个成员的非工作活动和非工作出行时间共 4 个变量构成了系统的内生变量。

外出非工作活动指除去工作相关活动之外的所有外出活动，包括前述分类中的购物、生活和娱乐活动等。研究中当然可以选用不同的活动分类，但分类的增加会使模型内生变量增加、模型结构复杂、待估计的参数增多，需要更大的样本量以获取模型参数的准确估计；随着活动分类的增加，各类活动和出行会出现大量零样本，直接影响模型参数的标定[74]。考虑样本中大部分出行者的活动和出行模式相对简单，零样本问题较严重，因此研究中将所有外出非工作活动合并为一类。

分析夫妻两人活动和出行之间相互影响的理论模型如图 6－1 所示，其建模思想如下：

① 出行需要从活动需求派生而来，活动对出行存在着可量化的影响。对通勤者而言，占主要地位的工作活动和出行影响着其他外出活动和出行安排。

② 受时间和空间约束的限制，替代、补充等影响关系存在于同一成员的各次活动和出行中；由于家庭成员对收入、居住空间、交通工具等资源的共享，类似的替代、

补充及陪同关系也存在于不同成员的活动和出行中。

③ 同一成员以及不同成员活动和出行之间的相互作用还受到家庭和成员社会经济属性的影响和制约。

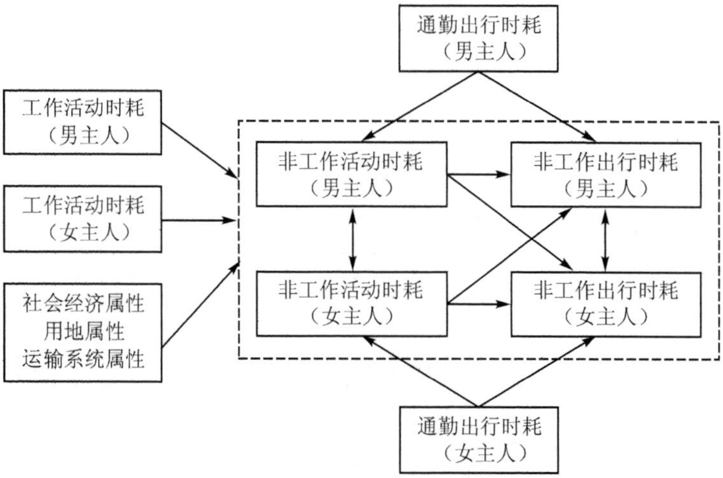

图 6－1　家庭成员活动-出行选择行为相互影响分析 SEM 模型

6.1.3　模型结果分析

参考家庭成员活动和出行行为相互影响方面的已有研究，结合本书前几章的研究结果，以模型拟合度和显著性检验为评价指标，完成模型结构和模型变量的选择，最终得到在行为学上具有可解释性并达到各项统计学评价指标的模型。模型变量定义和取值、模型参数标定结果分别如表 6－1、表 6－2 和表 6－3 所列。

表 6－1　结构方程模型内生变量间的相互作用

内生变量	作用效果	Atnw1	Ttnw1	Atnw2	Ttnw2
Atnw1 （成员 1 工作持续时间，min）	直接效用	—	—	—	—
	间接效用	—	—	—	—
	总效用	—	—	—	—
Ttnw1 （成员 1 非工作出行时间，min）	直接效用	0.131	—	—	—
	间接效用	—	—	—	—
	总效用	0.131	—	—	—
Atnw2 （成员 2 工作持续时间，min）	直接效用	0.092	0.043	—	—
	间接效用	0.006	—	—	—
	总效用	0.098	0.043	—	—

表 6－1

内生变量	作用效果	Atnw1	Ttnw1	Atnw2	Ttnw2
Ttnw2 （成员 2 非工作出行时间，min）	直接效用	—	0.071	0.105	—
	间接效用	0.020	0.005	—	—
	总效用	0.020	0.076	0.105	—
$\rho_1=3.231$，t 统计量$=5.417$；$\rho_2=1.026$，t 统计量$=2.435$					

注：所有参数均在 0.05 水平显著。ρ_1 为成员 1、成员 2 非工作出行时间随机项之间的相关系数；ρ_2 为成员 1、成员 2 非工作活动时间随机项之间的相关系数。

表 6－2　结构方程模型外生变量对内生变量的作用

内生变量	作用效果	Atw1	Ttw1	Atw2	Ttw2	Age1	Zhy2	Ch	Wgzcn	Income	Vehicle	Jdz
Atnw1	直接效用	−0.142	−0.108	0.052	—	0.145	0.063	0.075*	−0.097	0.345	0.135	0.128
	间接效用	—	—	—	—	—	—	—	—	—	—	—
	总效用	−0.142	−0.108	0.052	—	0.145	0.063	0.075	−0.097	0.345	0.135	0.128
Ttnw1	直接效用	−0.030	−0.067	—	—	0.012	0.089	—	—	0.071	—	—
	间接效用	−0.019	−0.014	−0.007	—	0.019	0.008	0.010	−0.013	0.045	0.018	0.017
	总效用	−0.049	−0.081	−0.007	—	0.031	0.097	0.010	−0.013	0.116	0.018	0.017
Atnw2	直接效用	0.034	—	−0.008	−0.108	—	0.108	0.147	—	0.279	0.116	0.255
	间接效用	−0.015	−0.013	0.005	—	0.015	0.010	0.007	−0.009	0.037	0.013	0.012
	总效用	0.019	−0.013	−0.003	−0.108	0.015	0.118	0.154	−0.009	0.316	0.129	0.267
Ttnw2	直接效用	—	—	−0.071*	−0.103	—	0.113	−0.063	—	0.112	0.002*	—
	间接效用	−0.001	−0.007	—	−0.011	0.004	0.019	0.017	−0.002	0.041	0.015	0.029
	总效用	−0.001	−0.007	−0.071	−0.114	0.004	0.132	−0.046	−0.002	0.153	0.017	0.029

表 6－3　结构方程模型拟合优度检验

评价指标	模型指标取值	推荐值
χ^2	276.89	随样本量大小而变
GFI（拟合优度指数）	0.97	≥0.9
AGFI（调整后的拟合优度指数）	0.91	≥0.9
RMSEA（近似误差均方根）	0.052	≤0.08
CN（临界样本数）	3 482($\alpha=0.05$)	≥200

表 6－3 表明，模型整体拟合度较好，且大部分参数在 0.05 水平显著。结合模型内生变量之间和外生变量对内生变量的作用，从下面 8 个方面对成员 1 和成员 2 在活动和出行之间的相互影响方面及制约关系进行分析。

(1) 活动需求决定出行需求

从表 6－1 可知，外出非工作活动影响外出非工作出行，而且这种影响关系在成员 1 和成员 2 之间存在一定的差异。模型标定结果表明，成员 1 每 1 h 外出活动需要约 8 min 的出行时间；而对于成员 2，其非工作出行时间对非工作活动时间的敏感性略低，每 1 min 的外出活动约需要 6 min 的出行时间。这可能是由于女性在完成非工作活动时更倾向于选择较近的目的地，单位时间外出活动对应的出行时耗相对较低；女性的非工作活动多以家庭需求为中心，以生活类活动为主，这类活动多在单一地点完成，所需出行时间较短。

(2) 同一成员工作活动影响其非工作活动安排

时间资源对于每个出行者而言都是有限的。家庭成员要利用有限的时间资源来安排一天的活动和出行，以最大限度地满足家庭和个人的活动需求。其中一些活动在开始和结束时间、目的地等属性上表现出一定的时间和空间固定性，为强制性活动。而另一些活动安排则相对较少地在时间和空间特性上受到约束限制，为非强制性活动。在强制性活动中最具代表性的是工作活动，由于其发生时间和起讫点的相对固定性，成为分析通勤出行者活动和出行行为的核心。大量研究表明，由于工作活动的限制，通勤者的非工作活动只能安排在上班前或下班后的非工作时段，相比于非通勤者缺乏时间上的灵活性；而家和工作地点则成为通勤者完成非工作活动的两个空间参照点。工作活动的强制性和在时间和空间上的相对固定性，使其成为影响非工作活动的重要因素。

模型参数标定结果支持了上述分析。首先由于工作活动的强制性和重要性，通勤者在完成工作活动的前提下才考虑对非工作活动的适度安排。模型中工作活动时间对非工作活动的影响为负，且强度小于 1，同时这种影响关系在两个成员之间存在明显的差异。对于成员 1，每增加 1 h 工作时间，非工作时间减少约 9 min；对成员 2，每增加 1 h 工作时间，非工作活动时间的减少量不足 1 min。这在一定程度上印证了女性和男性的不同家庭角色。大多数家庭中，女性承担更多的家务工作。当女性成员的工作时间增加时，虽然一部分生活活动将由夫妻两人共同分担，却并不能带来女性在生活活动上投入时间的根本性减少。

(3) 同一出行者各类出行之间存在相互影响

模型标定结果显示，工作出行是非工作出行的主要影响因素之一：较长时间的工作出行将带来非工作出行的减少，且这种影响在女性成员中更为明显。这可以从两个方面来解释：一方面，工作出行时间的增加使可支配时间减少，通勤者可能会考虑减少甚至取消外出非工作活动，间接地导致非工作出行时间减少；另一方面，通勤时间的增加可能使通勤者选择出行时间更短的非工作活动目的地，或者将不同目的的活动组织到一起，通过形成复杂出行链的方式直接减少非工作出行需求。

(4) 成员 1 和成员 2 的活动安排之间存在相互影响

两个成员活动之间的相互影响主要表现在 3 个方面：成员 1 工作活动对成员 2

非工作活动的影响，成员 2 工作活动对成员 1 非工作活动的影响，以及成员 1 非工作活动对成员 2 非工作活动的影响。一方面，成员 1 的工作时间对成员 2 的非工作时间有正的影响，但影响强度不大，约为 0.019，即男主人的工作时间每增加 1 h，女主人的非工作活动时间增加约 1 min；另一方面，成员 2 的工作时间同样对成员 1 的非工作时间有正的影响，且强度为 0.052，明显大于成员 1 工作时间对成员 2 非工作活动的影响。女性工作时间每增加 1 h，会使男性非工作活动时间增加约 3 min。通过这两方面的比较可以发现，由于女性成员在家庭中承担了大部分的生活活动和相关的出行，这种活动和出行的安排不大会受到男性工作时间的影响；平常男性不以家庭日常生活需求为非工作活动的重点，但在女性工作时间增加后会主动分担部分生活活动和出行，同时他还会尽力满足原来在娱乐和文化生活方面的需求，而这使得女性工作时间的延长最终带来了男性非工作活动时间的增加。

(5) 成员 1 和成员 2 在出行安排上存在相互影响

两个成员出行之间的相互影响主要表现在两个方面：成员 1 工作出行时间对成员 2 非工作出行时间的影响，及成员 1 非工作出行时间对成员 2 非工作出行时间的影响。而成员 2 对成员 1 的相反影响并不显著。男性成员工作出行时间对女性成员非工作出行时间的影响为正。同样的正向影响也存在于男性成员非工作出行时间对女性成员的非工作出行时间上。这可以从两个方面来理解：一方面，女性成员承担较多家庭生活活动和出行，且大多独自完成，因此女性成员的非生活类出行没有对男性成员的非生活出行造成显著影响；相反，当男性偶尔参加生活活动时，女性可能会陪同，有时双方也会一起参加一些娱乐活动，因此男性的非工作出行对女性非工作出行有显著影响。

(6) 一个成员的活动安排影响到另一成员的出行安排

模型结果表明不同成员活动和出行之间的相互影响主要是从男性成员到女性成员的作用，而从女性成员到男性成员的作用则不显著。这主要表现在以下 5 个方面：男性成员工作活动时间对女性成员非工作出行时间的负效用、男性成员非工作活动时间对女性成员非工作出行时间的正影响、男性成员工作出行时间对女性成员非工作活动时间的负影响，以及男性成员非工作出行时间对女性成员非工作活动时间的正影响。这些都是男性和女性不同社会、家庭角色以及生理差异在活动和出行方面的直接体现。相反方向只有女性工作时间对男性非工作活动时间表现出显著的负影响。

(7) 成员的活动和出行安排受到成员及其家庭社会经济属性的影响

模型标定结果表明，随着成员 1 年龄的增长，其外出非工作活动和非工作出行时间都有所增加。成员 2 的职业将直接影响其非工作活动和出行安排，相比于其他职业，从事服务性工作的成员 2 会更多地参加非工作活动和出行，同时成员 1 的非工作活动时间也有会所增加。这主要是因为服务性行业工作时间宽松便于安排非工作活动和出行，在女性成员有更多的时间和精力完成生活活动的同时，男性承担的家庭生活活动减少，有更多的时间安排个人事务和休闲娱乐活动。模型还表明年幼子女的存在将增加两个成员的外出活动时间，这可能是由于年幼子女需要家长接送；儿童的存在还会减少成员 2 的非工作出行时间，因为女性成员需要更多的时间在家陪伴和照顾孩子，而选择离家较近的地方完成必需的外出非工作活动，以降低在出行上的时间消耗。无工作成年成员的存在会带来两个成员在外出非工作活动和出行方面投入的减少，但对成员 1 的影响显著大于对成员 2 的影响。这表明，虽然无工作成年成员分担部分家庭事务而减轻了两个成员参加此类外出活动的压力，但原本由成员 2 承担的那一部分并未从根本上得到分担。此外，家庭收入、小汽车和家庭居住位置也影响到两个成员的外出活动和出行选择。经济状况的改善使家庭成员有更多的生活和娱乐活动需要，增加了两个成员在外出非工作活动和出行上投入的时间，而成员 1 对这一影响更为敏感。可能是因为成员 1 的外出非工作活动以个人事务和休闲娱乐等非强制性活动为主，直接受收入和交通工具的影响。

(8) 模型随机项之间存在相关关系

分析表明不同家庭成员的活动和出行选择所受到的不可观测因素的影响中有一部分是相同的，形成了成员 1 和成员 2 在非工作活动时间误差项、以及非工作出行时间误差项之间正的相关关系。

6.2　通勤出行长度选择

通勤出行是人们关于居住环境和位置、职业和工作地两方面选择的体现，是家庭成员在上述两方面选择意愿的综合。由于对收入、居住空间、交通工具等家庭资源的分享，不同家庭成员的通勤出行之间存在复杂的相互作用。例如，面对居住地和工作地的选择夫妇俩可能做出不同选择：其中一人接受较长通勤距离，使另一人能选择通勤距离较短的工作；同时考虑两人的工作地点，使双方都有较短的通勤距离；或者，为了追求舒适的居住环境，接受两人通勤距离都较长的选择。夫妇俩通勤时间/距离的选择之间可能存在替代或互补关系。另外，由于工作收入和家庭职责的不同，通勤出行选择存在显著的性别差异，男性的通勤距离通常高于女性[75]。

对通勤出行的理解和认识与通勤者活动安排和时间使用模式等其他方面的研究密切相关，是出行行为分析的重要内容。受到来自人口增长、经济发展、小汽车拥有量迅速上升和其他社会变革的影响，在我国的许多城市居住地和工作地的空间分散程度日益提高。通勤出行长度作为居住地和工作地空间分隔的度量，能部分地反映通勤者对工作和非工作活动及出行的权衡。对通勤出行长度选择的理解有助于分析和评价交通规划和管理政策对通勤者出行行为的影响。

将通勤出行长度按出行时间划分为短、中、长 3 个区段，分析不同选择群体特征、影响通勤出行长度选择的主要因素、夫妇俩通勤长度选择之间的替代或互补关系。对通勤长度选择的限制和促进因素的理解将有助于更好地制定交通规划和土地开发政策，以切实满足居民出行的机动性选择，提高工作地的区域可达性。

6.2.1 BOP 模型

双变量有序 Probit(Bivariate Ordered Probit，BOP)模型是 Univariate Ordered Probit(UOP)模型的扩展。假设将通勤出行长度划分为 M 段，对应出行长度选择变量 y_i 取值 $0\sim M-1$，UOP 模型假设出行者 i 通勤出行长度 y_i 与连续的不可观察效用值 y_i^* 相对应：

$$y_i^* = \boldsymbol{\beta}'\boldsymbol{X}_i + \varepsilon_i \tag{6-3}$$

式(6-3)中：$\boldsymbol{\beta}$ 是模型参数向量；$\boldsymbol{X}_i$ 是模型解释变量组成的向量；ε_i 是模型随机项。且 y_i 与 y_i^* 有如下关系：

$$y_i = \begin{cases} 0, & y_i^* \leqslant 0 \\ 1, & 0 < y_i^* \leqslant \mu_1 \\ 2, & \mu_1 < y_i^* \leqslant \mu_2 \\ \vdots & \\ M-1, & \mu_{M-2} < y_i^* \end{cases} \tag{6-4}$$

式(6-4)中，$\mu.$ 是待估计阈值参数。

假设 ε_i 服从标准正态分布，则有

$$\begin{cases} \text{Prob}(y_i = 0) = \int_{-\infty}^{-\boldsymbol{\beta}'\boldsymbol{X}_i} \phi(\varepsilon)\mathrm{d}\varepsilon = \Phi(-\boldsymbol{\beta}'\boldsymbol{X}_i) \\ \text{Prob}(y_i = 1) = \int_{-\boldsymbol{\beta}'\boldsymbol{X}_i}^{\mu_1-\boldsymbol{\beta}'\boldsymbol{X}_i} \phi(\varepsilon)\mathrm{d}\varepsilon = \Phi(\mu_1 - \boldsymbol{\beta}'\boldsymbol{X}_i) - \Phi(-\boldsymbol{\beta}'\boldsymbol{X}_i) \\ \quad\vdots \\ \text{Prob}(y_i = M-1) = \int_{\mu_{M-2}-\boldsymbol{\beta}'\boldsymbol{X}_i}^{\infty} \phi(\varepsilon)\mathrm{d}\varepsilon = 1 - \Phi(\mu_{M-2} - \boldsymbol{\beta}'\boldsymbol{X}_i) \end{cases} \tag{6-5}$$

下面考虑 BOP 模型。对任意家庭 $h(h=1,2,\cdots,H)$，假设男主人通勤长度选择为 j，女主人通勤长度选择为 k，有如下的 BOP 模型，由方程 M 和方程 F 组成：

$$\begin{cases} \text{M}: y_{1h}^* = \boldsymbol{\beta}_1'\boldsymbol{X}_{1h} + \varepsilon_{1h},\ y_{1h} = j, \quad \mu_{1,j-1} < y_{1h}^* \leqslant \mu_{1,j} \\ \text{F}: y_{2h}^* = \boldsymbol{\beta}_2'\boldsymbol{X}_{2h} + \varepsilon_{2h},\ y_{2h} = k, \quad \mu_{2,k-1} < y_{2h}^* \leqslant \mu_{2,k} \end{cases} \tag{6-6}$$

式(6-6)中：y_{1h}^* 和 y_{2h}^* 分别为男主人和女主人通勤出行长度对应的效用隐变量；y_{1h} 和 y_{2h} 分别是男主人和女主人实际通勤出行长度选择变量；$\mu_{\cdot,\cdot}$ 是模型待估计阈值；$\mu_{\cdot,-1} = -\infty$，$\mu_{\cdot,M-1} = \infty$；$\boldsymbol{\beta}_{1h}$ 和 $\boldsymbol{\beta}_{2h}$ 是模型待估计参数向量；$\boldsymbol{X}_{1h}$ 和 $\boldsymbol{X}_{2h}$ 是影响

效用函数的属性向量；ε_{1h} 和 ε_{1h} 是模型随机项，服从联合分布 $N_2(0,0,1,1,\rho)$。

6.2.2　模型构造及分析

为进一步分析上述影响因素对通勤出行长度选择的作用以及夫妇俩通勤出行长度选择的相互影响，研究中将两人的通勤出行长度选择看作两个有序的选择变量 y_{1h} 和 y_{2h}，对应于式(6-6)所示的 BOP 模型中的方程 M 和方程 F，通过随机项建立两个选择之间的相关关系。模型变量定义及参数标定结果如表 6-4 所列。

表 6-4　通勤出行长度选择模型参数标定

变量名		参数估计	t 统计量
男主人通勤出行长度选择（方程 M）	Constant1（男主人通勤出行长度模型常数）	1.878	12.629
	Age（通勤者年龄，周岁）	−0.008 83	−4.570
	Dr（哑变量，1：持有驾照）	0.280	8.811
	Wyp（哑变量，1：无月票）	−1.132	−11.353
	Zhy（哑变量，1：个体劳动者）	−0.199	−4.517
	Wgzcn（哑变量，1：家中有无工作成年成员）	0.068 9	2.517
	Minc1（哑变量，1：低收入）	−0.136	−2.906
	Minc2（哑变量，1：中等收入）	−0.051 4	−2.134
	Zhflx1（哑变量，1：住房为平房）	−0.106	−1.974
	Zhflx2（哑变量，1：住房为普通住宅）	−0.097 2	−2.247
	Zhflx3（哑变量，1：住房为商品房）	0.192	2.825
	μ_1	1.317	3.227
女主人通勤出行长度选择（方程 F）	Constant2（女主人通勤出行长度模型常数）	1.769	11.543
	Age	−0.011 5	−5.816
	Dr	0.256	7.429
	Wyp	−1.210	−10.210
	Zhy	−0.251	−5.807
	Chld（哑变量，1：家中有 12 岁以下成员）	−0.082 9	−2.070
	Minc1	−0.092 6	−2.061
	Zhflx1	−0.260	−4.061
	Zhflx2	−0.103	−2.033
	Zhflx3	0.255	3.700
	Jdz（哑变量，1：居住在市区）	−0.067 0	−2.203
	μ_2	1.410	5.348
	ρ	0.224	13.632
	LL(**0**)（**0** 模型对数似然函数）	−7 560.650	
	LL($\boldsymbol{\beta}$)（标定后模型对数似然函数）	−5 925.923	
	ρ_0^2	0.216	

模型中方程 M 的常数项大于方程 F，而其阈值小于方程 F，表明男主人对选择效用隐变量的增长更为敏感，容易发生从短通勤出行向中长通勤出行的转变。假设居住地相对稳定，男主人则表现出更大的自由度，以选择离家较远的工作机会，相比之下女主人则不倾向于调整通勤出行长度；年龄对夫妇俩的通勤出行选择影响方向相同，随着年龄的增长，通勤长度呈下降趋势，且女性通勤出行选择对年龄更为敏感。一方面，年龄的增长带来体力和精力的衰退，能容忍的通勤出行消耗有所降低；另一方面，随着年龄的增长，通勤者已具备一定的经济基础，会更多地权衡工作和生活需求，不倾向于远离居住地的工作机会。模型表明，驾照有助于中长通勤出行的选择。拥有驾照的样本是目前正在选择或计划选择小汽车上下班的通勤者，小汽车方式在提高出行效率的同时，改善了居住地和工作地的空间可达性，使通勤者有条件选择离家较远的工作机会。月票持有者倾向于选择中长通勤出行，月票可以看作通勤者在公共交通出行方式上的一种长期投入，这类出行者通勤距离较长，又无法选择更高效率的小汽车方式，而只能接受较长时间通勤的选择。此外，家庭收入较高的通勤者倾向于选择中长距离通勤出行。一方面，收入较高的家庭对出行费用敏感性低，在选择居住地和工作地时所受到的空间约束较小，有能力选择离家较远的工作机会；另一方面，为了追求较高的家庭收入，通勤者需要在出行消耗方面做出让步，接受中长通勤出行选择；住房类型对通勤出行长度选择的影响与家庭收入类似，随着住房从平房到普通住宅和商品住宅的转变，成员的通勤距离也呈现明显的上升趋势。这说明，为了追求更为舒适的居住环境，人们可以接受较长时间通勤的选择；无工作成年成员的存在会给男主人以更大的自由度选择离家较远的工作机会，而对女主人的通勤出行选择没有显著的影响；与男性不同，女性的通勤出行与家中幼年成员密切相关，幼年成员的存在会使女性倾向于离家较近的工作机会。这与女性的家庭职责相关，为了更多地照顾年幼子女，女性会放弃需要长时间通勤的工作机会。

模型中方程 M 和方程 F 的误差项正相关，这表明夫妇俩的通勤出行长度选择之间存在互补效应，存在相同方向的选择意愿，即同倾向于选择短出行或同倾向于选择长出行。

6.3　出行时间相互影响

受到时间的限制，人们将具有连续性的时间资源划分为长度不等、数量有限的时间段，分配给不同类型的活动，以满足工作、学习和生活的需要；受到空间的限制，人们需要在不同地点完成不同的活动。出行作为活动众多特征的一个方面，将在时间和空间上离散的不同活动连接起来，并与之共同竞争有限的时间资源。日出行时间是出行者一天分配给出行（全方式）的时间，是城市居民出行行为分析的重要指标之一。

出行者具有家庭属性，家庭成员之间的相互作用是个体活动和出行选择的重要影响因素，将这种相互影响模式纳入出行行为分析系统至关重要。Copula 函数将随机变量的联合分布与各变量的边缘分布联系在一起，为多变量间的相关分析提供了新的思路。

6.3.1 基于 Copula 函数的日出行时间模型

假设出行者的日出行时间为 t，是一个非负的连续分布随机变量。将 t 的自然对数表示为其影响因子 $\boldsymbol{X}$ 的线性函数，

$$\ln t = \boldsymbol{\beta}^{\mathrm{T}}\boldsymbol{X} + \sigma\varepsilon \tag{6-7}$$

式(6－7)中：$\boldsymbol{\beta}$ 为待估计参数向量；σ 是 t 的标准差；ε 是服从某一特定分布的随机扰动项。该式给出了加速失效时间模型 AFT 的一般形式。假设 ε 服从不同的分布可得到不同的 AFT 模型。当 ε 服从极值分布时，日出行时间服从参数为 λ 和 γ 的 Weibull 分布：

$$f(t\mid\lambda,\gamma) = \gamma t^{\gamma-1}\lambda\exp(-\lambda t^{\gamma}) \tag{6-8}$$

式(6－8)中：$\gamma=\dfrac{1}{\sigma}$，$\lambda=\exp\left(-\dfrac{\boldsymbol{X\beta}}{\sigma}\right)$，而 $\boldsymbol{X}$、$\boldsymbol{\beta}$、σ 与式中对应变量含义相同。令 $\beta^{*}=-\beta/\sigma$，则有

$$f(t\mid\boldsymbol{X},\gamma,\boldsymbol{\beta}^{*}) = \gamma t^{\gamma-1}\exp(\boldsymbol{X\beta}^{*})\exp\left[-t^{\gamma}\exp(\boldsymbol{X\beta}^{*})\right] \tag{6-9}$$

式(6－9)中的模型对应的风险率为

$$h(t\mid\lambda,\gamma) = \lambda\gamma t^{\gamma-1} \tag{6-10}$$

由式(6－10)可知：当 $\gamma>1$ 时，风险率随出行时间的延长而增加。

相关性参数为 θ 的二维 Copula 函数 $C_{\theta}:[0,1]^2\rightarrow[0,1]$ 有如下属性：

$$\begin{cases} C_{\theta}(0,u)=C_{\theta}(u,0)=0 \\ C_{\theta}(1,u)=C_{\theta}(u,1)=u, \quad \forall u\in[0,1] \\ C_{\theta}(u',v')-C_{\theta}(u',v)\geqslant C_{\theta}(u,v')-C_{\theta}(u,v), \quad \forall u'>u,\ v'>v \end{cases} \tag{6-11}$$

假设 Z 和 W 是两个连续分布随机变量，概率密度函数分别为 $f^{Z}(z)$ 和 $f^{W}(w)$，概率分布函数分别为 $F^{Z}(z)$ 和 $F^{W}(w)$。若随机变量对(Z,W)的概率分布函数为 $F(z,w)$，由 Sklar 定理可知，存在 Copula 函数 $C_{\zeta}(k,l)$ 使得

$$F(z,w) = C_{\zeta}\left[F^{Z}(z),F^{W}(w)\right] \tag{6-12}$$

且当 $F^{Z}(z)$ 和 $F^{W}(w)$ 为连续函数时，$C_{\zeta}(k,l)$ 唯一（ζ 是表示相关性的参数）。

又 Copula 函数 $C_{\zeta}(k,l)$ 的密度函数为

$$c_{\zeta}(k,l) = \partial^2 C_{\zeta}(k,l)/\partial K\partial L \tag{6-13}$$

根据微分形式的 Sklar 定理，随机变量对 (Z,W) 的联合概率密度函数 $f(z,w)$ 可表示为

$$f(z,w)=f^{Z}(z)f^{W}(w)c_{\zeta}[F^{Z}(z),F^{W}(w)] \tag{6-14}$$

因为 $F^{Z}(z)$ 和 $F^{W}(w)$ 服从均匀分布，$c_{\zeta}(k,l)$ 是 $[F^{Z}(z),F^{W}(w)]$ 在 (x,y) 点的概率密度，同时还是 $F^{W}(w)$ 在点 l 对 $F^{Z}(z)=k$ 的条件概率密度。

Copula 函数可以通过反函数法、几何方法和代数方法构造得到。常用的 Copula 主要有两大类：椭球 Copula 类和阿基米德 Copula 类。阿基米德 Copula 因其简易的构造方式和优良的性质而在许多领域得到了广泛的应用。阿基米德 Copula 中又以 Gumbel、Clayton 和 Frank Copula 函数应用较多。

Gumbel Copula：

$$C_{\zeta}(z,w)=\exp\{-[(-\ln z)^{\zeta}+(-\ln w)^{\zeta}]^{1/\zeta}\} \tag{6-15}$$

Clayton Copula：

$$C_{\zeta}(z,w)=(z^{-\zeta}+w^{-\zeta}-1)^{-1/\zeta} \tag{6-16}$$

Frank Copula：

$$C_{\zeta}(z,w)=-\frac{1}{\zeta}\ln\left\{1+\frac{[\exp(-\zeta z)-1][\exp(-\zeta w)-1]}{\exp(-\zeta)-1}\right\} \tag{6-17}$$

假设家庭 i 中妻子和丈夫的日出行时间分别为 D_i 和 M_i，其联合分布为 $f(d_i, m_i)$。建立 D_i 和 M_i 的 Weibull 分布单变量 AFT 模型，由式可知：

$$f(d_i\mid \boldsymbol{X}_i,\gamma,\boldsymbol{\beta}^*)=\gamma d_i^{\gamma-1}\exp(\boldsymbol{X}_i\boldsymbol{\beta}^*)\exp[-d_i^{\gamma}\exp(\boldsymbol{X}_i\boldsymbol{\beta}^*)] \tag{6-18}$$

$$f(m_i\mid \boldsymbol{Y}_i,\tau,\xi^*)=\tau m_i^{\tau-1}\exp(\boldsymbol{Y}_i\xi^*)\exp[-m_i^{\tau}\exp(\boldsymbol{Y}_i\boldsymbol{\beta}^*)] \tag{6-19}$$

由式(6－12)可知，基于 Copula 函数对二元持续时间 (D,M) 有

$$f(d_i,m_i)=f(d_i\mid \boldsymbol{X}_i,\gamma,\boldsymbol{\beta}^*)f(m_i\mid \boldsymbol{Y}_i,\tau,\xi^*)*c_{\zeta}[F^{D}(d_i\mid\gamma,\boldsymbol{\beta}^*),F^{M}(m_i\mid\tau,\xi^*);\zeta] \tag{6-20}$$

式(6－20)中：$F^{D}(d)$、$F^{M}(m)$ 为 D 和 M 的概率分布函数。假设样本量为 N，则模型的对数似然函数为

$$\begin{aligned}&\log L(\gamma,\beta^*,\tau,\xi^*,\zeta)=\\&\sum_{i=1}^{N}\ln[f^{D}(d_i\mid \boldsymbol{X}_i,\gamma,\boldsymbol{\beta}^*)]+\sum_{i=1}^{N}\ln[f^{M}(m_i\mid Y_i,\tau,\xi^*)]+\\&\sum_{i=1}^{N}\ln\{c_{\zeta}[F^{D}(d_i\mid\gamma,\boldsymbol{\beta}^*),F^{M}(m_i\mid\tau,\xi^*);\zeta]\}\end{aligned} \tag{6-21}$$

最大化式(6－21)中的对数似然函数，即可得到模型参数的物品估计。

由生存函数定义，有联合生存函数为

$$S(d,m)=\mathrm{Prob}\{D_i>d,M_i>m\} \tag{6-22}$$

而边缘生存函数 $S(m_i,-\infty)$ 和 $S(-\infty,y_i)$ 为单变量生存函数，分别记为 $S^{D}(d_i)$ 和

$S^M(m_i)$。

若 A 和 B 为连续随机变量，由其唯一确定了 Copula 函数 $C_{AB}(\cdot,\cdot)$，设 g 和 h 分别是 Ran$A$ 和 Ran$B$ 的严格单调减函数，则有

$$C_{g(A)h(B)}(u,v)=u+v-1+C_{AB}(1-u,1-v) \tag{6-23}$$

由式(6-23)可知，联合生存函数 $S(d,m)$ 还有如下形式：

$$\begin{aligned}S(m_i,d_i)=1-F^M(m_i)-F^D(d_i)+F(m_i,d_i)=\\ S^M(m_i)+S^D(d_i)-1+C_\zeta[F^M(m_i),F^D(d_i)]=\\ S^M(m_i)+S^D(d_i)-1+C_\zeta[1-S^M(m_i),1-S^D(d_i)]=\\ C_\zeta[S^M(m_i),S^D(d_i)]\end{aligned} \tag{6-24}$$

式(6-24)中：$C_\zeta[S^M(m_i),S^D(d_i)]$ 分别是家庭 i 中妻子和丈夫日出行时间 D_i 和 M_i 的生存 Copula 函数。

6.3.2　模型结果分析

研究以某直辖市 2005 年居民出行调查数据库为数据来源，分析双职工家庭夫妻双方在工作日的日出行时间选择及其相互影响模式。将模型用于样本数据，建立二元持续时间模型，分析夫妻俩日出行时间选择。比较 Gumbel、Clayton 和 Frank 三种常用 Copula 函数对应二元持续时间模型对夫妻俩日出行时间分析的优劣，模型的贝叶斯信息标准(Bayesian Information Criterion，BIC)取值如表 6-5 所列。通过模型 BIC 值的比较可知，Clayton Copula 函数对应的二元持续时间模型对数据拟合结果最优，因此下文分析都针对这一模型展开。变量定义和参数标定结果分别如表 6-5、表 6-6 所列。

表 6-5　三种 Copula 函数对应模型 BIC 值

Copula 类型	对数似然函数	参数个数	BIC
Gumbel	−11 645.00	30	11 775.24
Clayton	−11 658.26	30	11 788.50
Frank	−11 673.17	30	11 803.41
BIC＝−ln(ll)＋0.5pln(N)			

表 6-6 基于 Copula 函数的夫妇俩日出行时间模型

模型变量		参数估计值	t 统计量
丈夫日出行时间	Constant1（丈夫日出行模型常数）	3.99	34.12
	Young（哑变量，1：≤30 周岁）	0.015	3.13
	Dr（哑变量，1：有驾照）	0.036	4.64
	Wgzcn（哑变量，1：家中有无工作成年成员）	0.023	2.50
	Jdz（哑变量，1：居住在市区）	−0.037	−3.52
	Minc1（哑变量，1：中等家庭收入）	0.015	2.45
	Minc2（哑变量，1：高家庭收入）	0.029	2.30
	Cdis（家到单位通勤出行距离/km）	0.049	25.90
	Bike（哑变量，1：自行车方式通勤）	0.022	2.18
	Ebike（哑变量，1：电动车方式通勤）	0.038	8.81
	Transit（哑变量，1：公共交通方式通勤）	0.30	13.57
	Car（哑变量，1：小汽车方式通勤）	0.30	6.78
	Work（工作持续时间/min）	−0.000 65	−10.97
	Numact（外出活动次数）	0.12	25.38
	Live（生活类活动时间/min）	0.000 48	3.59
	γ	2.76	10.24
妻子日出行时间	Young	0.017	1.98
	Jdz	−0.040	−3.79
	Minc2	0.046	2.21
	Cdis	0.051	25.82
	Bike	0.032	1.97
	Ebike	0.034	8.93
	Transit	0.39	13.25
	Car	0.13	6.35
	Work	−0.000 61	−10.97
	Numact	0.14	38.64
	Live	0.000 53	2.74
	Xxs（哑变量，1:家中有小学生）	−0.070	−5.52
	τ	2.57	10.91
Copula 函数	ζ	−0.086	−3.76

日出行时间 AFT 模型中参数 γ 和 ζ 的值都大于 1，表明无论是丈夫还是妻子，随着出行时间的延长，其日出行活动结束的概率增加，验证了出行时间最小化的行为假设。模型中 Copula 函数的参数 ζ 为负，表明夫妇俩日出行时间投入存在显著的负相关关系。这是因为双职工家庭受工作活动的限制，在工作日需要通过夫妇俩人的协作来完成家务和外出活动，在夫妻一人日出行时间增加的同时，另一人的外出活动

减少，日出行时间相应降低，表明其活动-出行选择行为之间存在一定的互补和替代关系。

夫妻各自日出行时间模型的参数构成略有差异，家庭成员结构对双方日出行时间投入的影响不同。首先家庭结构对夫妻两人日出行时间选择的影响有显著差异。主要表现在两个方面：

① 无工作的家庭成员对丈夫的日出行时间影响为正，而对妻子的日出行时间影响并不显著。这与夫妻双方的家庭分工相印证。无工作的成员能分担部分家务，使男性在工作之余有更多的时间和精力安排外出非工作活动，从而派生出更多的出行需求。而妻子往往需要承担较丈夫更多的家务，无工作的成员并不能使自己的家庭负担明显减轻。

② 上小学的家庭成员对妻子的日出行时间影响为负，而类似的影响在丈夫的日出行时间安排中并不显著。这从另一方面印证了夫妻双方由于家庭分工的不同在活动-出行选择行为上所表现出来的互补和替代关系。因为上小学的家庭成员要求妻子用更多的时间来照顾孩子和家庭，减少了外出活动及其派生的出行；

两模型的其他参数组成相似，且对应参数取值相当，表明两者日出行时间选择行为的基本规律相似。下面以丈夫的日出行时间选择模型为例进行分析：

① 年龄对日出行时间选择的影响为负。随着年龄的增长、体力的下降，年长者会降低外出活动需求、缩小活动空间范围，使出行量和出行时间降低。

② 居住位置间接地反映居住地周边交通和用地情况，居住在靠近城市中心区域的通勤者其出行时间相对较短。因为城市中心区域交通便利、土地综合利用率高、可达性好，不需要长时间出行就能完成各类非工作活动，出行时间缩短。

③ 家庭收入的增加带来购物和娱乐等非维持性活动需求的上升，出行需求增加、出行时耗上升。

④ 工作活动及其出行是通勤者日活动-出行安排的主要部分，因此其日出行时间受到工作活动和出行的影响。工作时间越长，由工作活动带来的精力和体力消耗越大，同时可自由支配时间减少。外出非工作活动相应减少。通勤出行距离直接影响通勤出行时间，出行距离每增加1 km，出行时间约增加5%。通勤出行方式对日出行时间影响规律非常明显，选择机动出行方式的通勤者出行时间长于选择非机动方式者：一方面是因为机动出行方式通勤者的通勤距离更远；另一方面机动出行方式有利于安排距离较远的非工作出行。选择公交方式与选择小汽车的通勤者相比，有更长的日出行时间，这是出行效率和出行量两方面作用的结果。外出活动次数越多，日出行时间越长，每增加一次外出活动，出行时间约增加12%。

6.4 社会网络视角下的出行选择行为

基于活动的出行行为分析的深入，不仅带来了从基于出行到基于活动的建模思想的转变，也带来了从基于单个出行者到基于家庭的研究单位的转变，学者们越来越关注家庭中共同参与活动、任务分配、资源共享对成员活动和出行选择行为的影响。然而，共同参与活动不仅发生在家庭成员中，还可能涉及诸如朋友、同事、邻居等。每个人都生活在一定的社会环境中，有自己的社会网络，并通过社会互动与网络其他成员相互联系和影响。社会网络是个体间知识、信息转移和分享的平台，个体正是在与其他个体不断的接触、学习、决策的过程中逐步形成并调整自己的态度、看法和认知的，社会网络和社会互动势必影响其决策和选择行为。随着社会网络理论的发展，交通领域的学者也认识到忽略对活动-出行行为社会层面理解的研究是不完整的。

虽然社会网络对解释和预测出行行为的重要意义已被广泛认可，但从交通研究的角度进行社会网络分析建模还是一个较新的领域，而如何将社会网络对活动-出行行为的影响纳入现有出行行为分析体系中，也正在成为新的研究焦点。

6.4.1 社会网络及其建模

社会网络能够以多种方式诱发、改变或者抑制出行行为。社会交互是社会网络的主要特征，也是个体获得信息、支持和社会幸福感的主要渠道。交通领域对社会网络的研究主要有实证和仿真两大类。实证研究主要涉及自我中心网络的建立所需的数据采集技术和分析方法。仿真研究则通过仿真技术模拟社会网络影响下的出行行为，涉及对自我中心网络和整体网络的建模。

实证研究大都以网络属性为主要影响因素，以个体社交网络及其属性特征的识别为基础。研究多采用自我中心网络(ego-centric networks)，包括自我、他人、自我与他人的直接连接，以及与自我连接的他人之间的连接。通过对自我及其社会网络结构的多层次分析，可以了解个体社交活动需求，分析在社交网络和常用模型变量共同影响下的出行需求。此外，社交网络还会影响出行者心智地图，因此网络的地理属性会对出行行为造成影响。对自我中心网络属性的研究，通常先用提名生成法、社会互动日志或其组合，从被访者社交网络中提取作为他人的名单。同时，要求被访者提供其社交网络成员的信息，以及自己与这些成员间关系的相关信息。通过自我中心网络方法能收集到自我、自我网络和自我-他人三个不同层面的属性：自我层面的属性包括被访者社会经济属性、居住地环境、交通工具情况、日常活动和通勤出行等活动-出行相关信息；自我网络层面的属性描述网络的积极特征，包括网络尺度(他人数量)、不同类型联系的构成比例、特定时段社会联系数量、与自我具有相同社会经济属性的他人的比例(同质性)等;自我-他人层面属性描述自我与他人之间的人际关系,包括联系的强度、地理距离、关系持续的时间、联系频次等。

通过对个体和整体社会网络的仿真建模,可对社交出行互动、出行决策协商机制、信息传递和互联方面进行研究。基于仿真的社会网络分析多采用基于多智能体(multi-agent based)的方法。在建模过程中首先把社会系统视为一个由大量可以适应、学习的 agent 构成的复杂系统。除对 agent 的学习性进行考虑外,系统还能考虑 agent 在决策时所受到的来自社会联系人的影响。此外,系统中个体间的交互引发宏观层面的变化,不需要传统方法中通过控制宏观层面变量来解释宏观现象。这些都使得基于多智能体的仿真能更真实地模拟现实社会网络,同时让模型结论更好地服务于真实世界中的出行需求预测和管理工作。也可以将仿真方法与计量经济学模型结合起来,通过对经典计量经济学模型的扩展,引入社会网络的影响,比较分析不同社会和空间网络对具有相同居住地和社会经济特征智能体出行行为的影响及其集计效应。

6.4.2　基于社会网络视角的出行行为研究框架

通过面向活动-出行行为分析的社会网络仿真,对社会学习和认知学习影响下出行决策行为动态性、信息在社会网络中的扩散机制及其出行行为影响的研究,揭示出行者在社会网络中的出行选择行为及其交通政策响应机制。

1. 个体社会网络特征及其影响研究

首先研究基于提名生成法和社会互动日志的个人社会网络调查方法,设计抽样方案和基于问卷的调查系统,采集出行者属性信息、个人社会网络、社会互动及其活动-出行信息,建立后续研究所需基础数据库。统计样本数据,分析样本的个人社会网络、社会互动及其活动-出行信息,包括网络规模、网络构成、成员空间分布、面对面和基于 ICT 的社会互动频度、各类出行的次数、方式、出行距离、活动地点用地属性等。以基于活动的出行行为分析方法和社会网络理论为指导,研究出行者属性、用地属性、社会网络特征、社会互动以及活动-出行行为模式之间的直接或间接影响关系,建立基于社会网络视角的出行行为分析理论框架,包括:由基于负二项回归模型的社会网络规模预测模型、基于面板数据 Mixed Logit Model 的社会网络构成模型、基于随机效用模型的成员空间距离预测模型组成的个人社会网络属性分析模块,由基于路径分析的成员间社会互动模式关系模型、基于负二项回归模型的社会互动次数模型、基于面板数据 Mixed Logit Model 的社会互动目的判断模型、基于面板数据 Mixed Logit Model 的社会互动模式选择模型组成的社会互动分析模块,由基于负二项回归模型的社会出行次数模型、基于面板数据 Mixed Logit Model 的出行目的地类型判断模型、基于随机效用模型的出行距离预测模型、基于面板数据 Mixed Logit

Model 的出行方式选择模型组成的活动-出行模式分析模块，以及基于结构方程模型的上述三个模块之间相互影响和制约关系的研究。

2. 社会网络多智能体动态仿真模型

将个体社会网络中的我他联系划分为朋友联系和成员联系两大类。成员联系既包括家庭和亲属联系，也包括工作和社团成员联系。仿真模型中，用随机变量表示个体的各类成员身份，在成员身份持有期间，同一组织的成员之间存在社会联系，退出组织的成员与其他成员之间的社会联系则退化为朋友联系。识别社会网络同质性影响因素，用个体之间在上述影响因素的相似度测度同质性，建立同质性和空间距离影响下的朋友联系效用函数，识别朋友联系的投入和机会成本，考虑传递性对降低交友阈值的贡献，建立就业状态、婚姻状态、家庭结构、时间成本、社会需求及传递性等影响下的交友阈值函数，建立个体间朋友联系的选择概率模型；应用贝叶斯认知更新理论，通过朋友联系选择概率模型更新个体属性分布概率，构造极大似然函数，用实际调查数据(可视为完整社会网络中社会联系的观测值)完成模型参数极大似然估计。

以研究区域人口统计数据为基础，应用迭代比例拟合算法完成人口合成，得到个人属性值和空间距离分布先验概率。用标定后的朋友联系选择概率模型，通过蒙特卡罗仿真确定个体之间的朋友联系，以样本中个人社会网络平均规模和网络集聚系数为约束条件，通过迭代过程完成能反映研究区域真实社会网络特征的人口规模社会网络的建立。识别社会互动成本影响因素，构造社会需求和社会互动成本影响下的社会活动效用函数，建立个体间社会互动发生模型。用基于需求的建模思想，研究面对面社会互动发生时，各参与方时空约束下的共同参与活动的时间、地点、交通方式选择行为，解析共同参与活动及其出行与参与方其他活动和出行的相互影响和制约关系。建立同质性、传递性、成员关系、社会互动随时间衰退影响下的社会联系强度函数，研究社会互动引发的社会网络的调整机制，实现网络的动态性。以出行者个体为智能体，智能体之间连接关系构成个体社会网络，研究在多智能体编程环境中上述模型和过程的实现途径和方法，完成面向活动-出行行为研究的社会网络多智能体仿真模型的构建和验证。

3. 出行行为及其动态性研究

首先研究不确定性环境下，基于经验学习的出行行为及其动态性。区分选择方案静态属性和动态属性，建立不确定性环境下选择方案期望效用；应用贝叶斯认知更新理论，实现活动和出行体验触发的动态属性认知更新过程；用方案激活水平测度出行者对出行方案的知晓程度，建立出行体验、认知强化和衰退过程共同影响下的激活水平函数，引入个体记忆搜索阈值，激活阈值高于记忆搜索阈值的方案构成出行者当前选择方案集。界定基于出行属性层面的动态出行预期水平，作为出行方案满意度评价参考点，通过出行方案与该参考点的比较触发习惯出行和主动搜索两种不同出行选择机制：当选择集中存在满足出行预期的方案时，根据最小心力原则，出行者选择激活水平最高的方案，也即延续出行习惯；当出行环境变化、习惯性出行方案不再满足出行预期时，出行者开启主动搜索模式，首先对当前选择集中各方案进行比较，在满足出行预期的方案中选择期望效用最高者，若当前选择集中所有方案都不满足出行预期，出行者开启主动信息搜集模式，在当前选择集之外寻求更优的出行方案。搜索终止条件成立时，停止方案搜索过程，期望效用最高的方案被选用，出行预期被更新为该方案属性水平值，同时完成对方案激活效用和方案属性值的更新。

在上述研究框架下考虑社会网络的影响，主要体现在社会学习对出行方案生成影响和对出行预期影响两个方面。应用社会比较理论，考虑网络同质性、传递性和空间距离的影响，界定个体社会网络中的参照群体，作为个体社会学习的主要对象和信息来源。当出行者开启主动搜索模式时，通过社会互动向参照群体中的联系人获取当前选择集外的新方案信息，形成该方案属性值的初始信念和方案激活水平。建立以出行方案生成信息获取为目的的社会互动机制，定义基于社会联系强度和个体风险偏好的社会信息接受度函数，研究考虑社会学习的出行方案选择集更新过程。定义社会偏离容忍度，识别其影响因素，出行者通过与参照群体联系人的社会互动获取其出行预期信息，当参照群体出行预期与自己当前出行预期存在正偏差且大于社会偏离容忍度时，触发出行预期更新过程。研究在多智能体编程环境中上述模型和过程的实现途径和方法，完成基于经验学习和社会学习的出行选择动态仿真模型的构建和验证。

4. 社会网络中的信息扩散机制

借鉴社会学相关研究成果，将管理部门发布的以需求控制为目的的交通信息在社会网络中的扩散过程描述为“两级传播”，即信息首先传播到舆论领袖，再从舆论领袖散布到其追随者。舆论领袖是积极的信息使用者和传播者，在得到信息之后触发向其追随者的信息沟通；舆论追随者在与舆论领袖和其他追随者的社会互动中完成出行态度的更新，并在此基础上调整其出行行为；界定信息传播角色，完成个人社会网络联系人的角色识别，比较舆论领袖和舆论追随者的信息敏感度及其影响因素，将信息角色、社会互动的时间衰退效应和历史互动次数的影响纳入前面“社会网络多智能体动态仿真模型”研究内容所建立的社会互动函数，判断舆论领袖与舆论追随者以及舆论追随者之间的信息沟通的发生；分析出行态度调整的影响因素，用出行态度阻抗函数测度信息沟通所带来的出行态度调整量，基于刺激-反应机制，建立出行态度调整模型，研究信息沟通下的出行态度更新机制及其出行行为；将上述信息扩散机制及其出行行为影响纳入前面“出行行为及其动态性研究”研究内容所建立的出行行为分析系统中,研究在多智能体编程环境中上述模型和过程的实现途径和方法;应用所建立的基于社会网络的信息扩散机制及其作用下的出行行为仿真模型系统,研究信息发布类交通需求管理政策影响下的出行行为调整过程及其集计效应,分析比较策略实施前后的交通系统运行状况,分析交通管理政策的可行性和实施效果。

第 7 章　多日活动-出行行为研究

交通管理人员和研究人员一直在关注这样一个问题：究竟人们的活动-出行行为之间有多大的变化和差异？然而由于缺乏满足研究要求的多日或者持续多个星期的面板出行数据，大部分研究主要关注不同出行者个体之间的行为差异，而无法深入研究同一出行者在不同情境下出行行为的变化。相当大一部分研究将重点放在了诸如出行方式、出行目的、地点选择等活动-出行模式结构信息的系统性变化上。然而，活动-出行模式不仅包括上述结构信息，还包括由活动和出行顺序关系所表征的序列信息。序列比对方法（Sequence Alignment Method，SAM），最早出现于分子生物学领域。SAM 在交通和时间使用领域的引入给活动-出行模式序列信息的系统研究提供了新的思路和方法。

SAM 使得在活动-出行模式变化方面的研究中能有效地考虑序列信息的影响，但是将序列比对方法与聚类分析或描述性统计分析相结合的研究范式妨碍了对活动-出行模式造成影响的多样化因素的识别及其作用的研究。目前，应用多日活动-出行数据，从多维度分析活动-出行模式差异性及其变化规律的研究还非常缺乏。本章的研究将弥补这一不足。

研究将引入多维序列比对算法（Multi - Dimensional Sequence Alignment，MD - SAM），全面考察多日出行日志中的结构和序列信息，系统分析活动-出行模式的在各出行日之间的变化程度、变化规律及其影响因素，完成活动-出行模式变化量的测度，建模分析出行者社会经济属性、活动安排、出行日特征等对活动-模式变化的影响。多日出行面板数据的使用意味着分析截面数据的常规方法不再使用。因此，研究采用了基于面板效应的回归模型（Panel - Effects Regression Model），而这一方法目前在交通领域的应用还很有限。

研究中将活动-出行模式之间的变化定义为两个日活动-出行序列的差异。与已有研究范式不同，序列总方差不直接被分解为个体间差异和个体内部差异，而是使用面板效应回归模型对变化量进一步建模，分析出行者社会经济属性和出行日特征对活动-出行模式日变化程度和变化规律的影响。研究将围绕以下三个问题展开：

① 活动-出行模式在一周的各天中如何变化？

② 活动-出行模式在一周的哪些天相似度较高？在哪些天差异度较高？

③ 出行者个体特征是否会影响活动-出行模式在各天中的变化规律？影响程度如何？

7.1 活动-出行模式

基于“有相同社会经济属性的出行者具有不随时间变化的、相似的出行行为”这一假设，学者们应用截面数据就社会经济属性对活动-出行行为特定维度的影响进行了大量的研究[76-78]。另一部分学者则将研究重点放在对完整的、多维度活动-出行选择行为的分类上。这一类研究大多侧重于对活动-出行模式中的方式选择、活动类型等结构信息的划分[79,80]。除了结构信息，活动-结构模式还包含了表征活动和出行次序关系的序列信息。由于缺乏测度序列信息的标准和方法，基于截面数据的研究在活动-出行行为建模和分类时大都忽略了活动和出行序列信息。

SAM 的引入改变了这一状况。继 Wilson[81] 在出行行为分析领域开创新的工作之后，学者们在应用 SAM 的过程中对方法本身进行改进，使其更适于对复杂的活动-出行模式进行差异性的分析。多维序列比对的提出可谓是其中最为重要的改进，使得活动-出行模式沿多个不同维度的变化规律的研究成为可能[80,82,83]。但是这些早期的研究几乎都围绕截面数据展开，忽略了活动-出行模式的多维复杂性，旨在将出行者划分为不同的群体，而不是以序列比对作为比较活动-出行模式的测度工具，进一步研究比对结果所反映的规律。因此 SAM 在活动-出行模式相似度和差异性研究中的应用还有很大的改进和发展空间。另外，截面数据限制了对活动-出行模式变化规律的研究。因为个体的需求、所面对的各种资源的限制和制约、环境条件等都会随着时间的变化而发生变化，因此活动-出行行为也必然会发生相应的变化和调整，不同日的活动-出行行为不尽相同，不存在一成不变的“典型日活动-出行模式”。对活动-出行模式变化规律的深入研究需要有多日或者多个星期的面板数据，然而这样的数据很难获得。

对活动-出行模式个体内部差异(Intra - personal Variability)的研究主要围绕有限的几份出行面板数据集展开。Pas 和 Koppelman[22] 在英国 Reading 地区进行了开创性的研究，用方差分析的原理，将活动-出行模式总变化量分解为个体内部差异和个体间的差异，建立了活动-出行模式变化分析的研究框架，在后续研究中被广泛应用[84-86]。学者们基于在德国进行的持续 6 个星期的出行调查 MobiDrive 开展了多日活动—出行行为方面的一系列研究。一部分研究主要关注结构信息，将活动-出行模式沿不同选择维度进行分解，然后用不同指标分别对不同维度独立进行测度和分析，模式的整体变化被描述为不同维度差异的总和，并以此分析出行者[87]和出行日[88]属性影响下的模式变化规律。另一部分研究将活动-出行模式视为包含多个维度的整体，从模式聚类角度分析出行者群体的划分。如 Bayarma 等[89]用主成分分析和聚类分析研究了活动-出行模式的划分。Raux 等[90]和 Moiseeva 等[91]则应用一维 SAM 和方差分析将活动-出行模式差异分解为个体内部和个体之间的变化，并进一步分析了日和周活动-出行行为的节奏。

对活动-出行模式差异性及其变化规律的研究大都在发达国家开展，主要关注个体间差异的部分，而发展中国家由于缺乏合适的多日出行数据在这一领域的研究非常匮乏。然而，随着 GPS 设备和智能手机的广泛使用，多日出行调查开始在发展中国家兴起，为多日活动-出行行为的研究提供了支持。下面我们将应用在上海市开展的一项多日出行调查数据对活动-出行模式变化规律进行建模分析。

7.2 多维序列比对

对活动—出行模式日间变化的分析分两步完成。首先，用 MD - SAM[92]完成对同一出行者任意两个不同出行日之间活动-出行序列差异的测度。然后，将以编辑距离(Levenshtein Distance)表示的模式间差异作为因变量，构建面板效应模型，分析出行者社会经济属性和出行日属性对这一变化量的影响。这一方法体现了本研究的创新：从模式变化影响因素及其变化规律本身角度来研究活动-出行模式的个体内部差异，而不是简单的聚类。

日活动模式可以被表示为活动和出行单元组成的序列，每一个组成片段都有一定的状态属性。因此对活动-出行模式变化的分析可以归结为以下两个方面：对多维状态信息变化量的测度(结构信息)和对单元次序变化的测度(序列信息)。然而一直以来，对活动-出行模式的分析只关注了结构信息而忽略了次序信息。SAM 方法提供了一种能同时考虑结构和次序信息的活动-出行模式变化量测度方法。

SAM 最早在生物信息学研究中被提出，用于测度 DNA 序列之间的相似度[93]。自 Wilson 将 SAM 引入出行行为研究后，这一方法就被广泛应用于活动-出行行为的分类研究中。随着研究的深入，SAM 的局限性也逐渐暴露出来：活动-出行是多维选择，而 SAM 割裂了不同维度之间的相互影响和制约，只是孤立地分析选择单一维度。Joh 等[92]将 SAM 从一维扩展到多维，能有效地分析不同维度之间的相互影响。

在 SAM 中，两个序列之间的差异被表示为这两个序列之间的编辑距离，即将其中一个转成另一个所需要的最少编辑操作次数。许可的编辑操作包括“删除”、“插入”和“替换”三种操作的次数。编辑距离的数字越小，则序列的相似度越高；反之，差异性越大。假设要比较两个 $\boldsymbol{K}$ 维活动-出行序列，源序列为 $\boldsymbol{s}$，目标序列为 $\boldsymbol{g}$，其长度分别为 M 和 N，则原序列和目标序列可以分别表示为 $K\times M$ 和 $K\times N$ 的矩阵：

$$\boldsymbol{s}=[\boldsymbol{s}'_{1M},\boldsymbol{s}'_{2M},\cdots,\boldsymbol{s}'_{KM}]=[\boldsymbol{s}_{ij}],\quad i=1,2,\cdots,K;\ j=1,\cdots,M \tag{7-1}$$

$$\boldsymbol{g}=[\boldsymbol{g}'_{1N},\boldsymbol{g}'_{2N},\cdots,\boldsymbol{g}'_{KN}]=[\boldsymbol{g}_{pq}],\quad p=1,2,\cdots,K;\ q=1,2,\cdots,N \tag{7-2}$$

其中行向量$\boldsymbol{s}'_{kM}=[s_{k1},\cdots,s_{kM}]$和$\boldsymbol{g}'_{kN}=[g_{k1},\cdots,g_{kN}]$分别是原序列和目标序列在维度$k$下的次序信息。沿维度$k$的一维序列比对即$\boldsymbol{s}'_{kM}$和$\boldsymbol{g}'_{kN}$之间的编辑距离，有如下形式：

$$d(\boldsymbol{s}_{kM},\boldsymbol{g}_{kN})=d(\boldsymbol{s}_k^M,\boldsymbol{g}_k^N)=$$
$$\min\begin{cases}d(s_k^{M-1},g_k^N)+w_i(\phi,g_{kN})\\ d(s_k^M,g_k^{N-1})+w_d(s_{kM},\phi)\\ d(s_k^{M-1},g_k^{N-1})+w_d(s_{kM},g_{kN})\end{cases} \tag{7-3}$$

维度k的序列比对$d(\boldsymbol{s}_{kM},\boldsymbol{g}_{kN})$即最后的比较结果$d(\boldsymbol{s}_k^M,\boldsymbol{g}_k^N)$，其中下标是维度（模式属性）编号，上标表示被处理元素在序列中的位置。$w_i(\varphi,g_{kN})$是插入元素g_{kN}的权重，$w_d(s_{kM},\varphi)$是删除元素s_{kM}的权重，在研究中这两个权重都设为1。$w_d(s_{kM},g_{kN})$是将元素s_{kM}与g_{kN}对调的权重，如果两个元素相同，则为0，反之为2。

根据Joh等[92]的研究，多维序列比对MD-SAM分析过程如下：首先对每一个属性进行一维序列比对，得到对应的K个编辑操作集；找出操作集中的相同操作及其所作用的元素集（基本片段），将初始的K个编辑操作集整合为作用于基本片段的操作集；最后计算基本片段的编辑操作总权重，得到MD-SAM的结果。

首先将属性k的一维序列比对操作集表示为

$$O_k=\{O_{k,b}\}_{b=1,2,\cdots,B_k} \tag{7-4}$$

式中：$O_{k,b}=\{p\mid p=\mathrm{del}(i,k)\vee\mathrm{ins}(j,k)\vee\mathrm{sub}(i,j,k)\}$；$i\in\{1,\cdots,M\}$，$j\in\{1,\cdots,N\}$，$k\in\{1,\cdots,K\}$，$b\in\{1,\cdots,B_k\}$。$O_{k,b}$是属性$k$的一维序列比对操作集的第$b$个元素。$\mathrm{del}(i,k)$是删除操作符，表示对属性$k$，删除原序列的第$i$个元素；$\mathrm{ins}(j,k)$是插入操作符，表示对属性$k$，将目标序列的第$j$个元素插入到原序列的第$j$个位置；$\mathrm{sub}(i,j,k)$是替换操作符，表示对属性$k$，将原序列的第$i$个元素替换为目标序列的第$j$个元素。通过比较$K$个一维序列比对操作集，识别出与某一序列片段相关的所有操作符。由此得到的一维序列比对操作符集合的最大组合数B为

$$B=\prod_{k=1}^{K}B_k \tag{7-5}$$

一个多维序列比对操作符集合可以表示为

$$\boldsymbol{O}=\{O^a\}_{a=1,\cdots,B} \tag{7-6}$$

式中：$O^a=\{p\mid\mathrm{del}(i,\boldsymbol{r})\vee\mathrm{ins}(j,\boldsymbol{r})\vee\mathrm{sub}(i,j,\boldsymbol{r})\}$，$r$是该操作作用的属性集合。原序列和目标序列MD-SAM的结果被表示为最小操作成本C^*：

$$C^*=\min\{C_1,C_2,\cdots,C_B\}=\min_{a=1,2,\cdots,B}\{C_a\} \tag{7-7}$$

其中C_a可表示为

$$C_a=\sum_{p\in O}c_p,(a=1,\cdots,B) \tag{7-8}$$

式(7-8)中 c_p 可表示为

$$c_p=\begin{cases}1, & p=\mathrm{del}(i,\boldsymbol{r})\\ 1, & p=\mathrm{ins}(i,\boldsymbol{r})\\ 2, & p=\mathrm{sub}(i,\boldsymbol{r})\end{cases} \tag{7-9}$$

研究中采用软件包 DANA[94]完成多日活动-出行数据的 MD-SAM 分析。

7.3 Panel Effects Regression 模型

研究中活动-出行链的变化用一周中两个不同日活动-出行序列的差异来表示。因此,完整一周的数据中共有 21 个这样的比较序列对。假设出行者的日活动-出行行为变化不仅与其社会人口属性有关,而且因出行日的不同而不同。为了分析同一出行者不同出行日活动-出行模式之间的相关性,研究中采用了面板效用回归模型。用 d_{ny} 表示由 MD-SAM 得到的出行者 n 的序列对 $y(y=1,2,\cdots,21)$的差异度。面板效用回归模型有如下的形式:

$$d_{n,y}=\alpha_0+\sum_{y=1}^{Y-1}\alpha_y D_y+\sum_{e=1}^{E}\beta_e x_{ne}+\gamma_n+\varepsilon_{ny} \tag{7-10}$$

且 $\gamma_n \sim \mathrm{IID}\Phi(0,\Sigma)$,$\varepsilon_{ny} \sim \mathrm{IID}\Phi(0,\Delta)$,γ_n 独立于 ε_{ny}。式(7-10)中:第一项 α_0 是回归常数;第二项 $\sum_{y=1}^{Y-1}\alpha_y D_y$ 描述了不同出行日对的影响,α_y 是各出行日对的系数(以其中一对为基准,因此在本研究中 $Y-1=20$),D_y 是一个哑变量,当且仅当被分析的是出行日对 y 时 $D_y=1$,否则 $D_y=0$;第三项 $\sum_{e=1}^{E}\beta_e x_{ne}$ 是出行者社会经济属性的影响,x_{ne} 和 β_e 分别表示属性变量 e 及其对应参数;考虑到研究使用的是面板数据,因此在模型中加入描述出行者 n 随机异质性的 γ_n,即第四项,对出行者 n 而言,它不随不同出行日而变化;第五项 ε_{ny} 是模型随机项。如果把同一出行者活动-出行模式在各出行日间的变化看作一组,模型表明同一组的各出行日对之间是相关的,而不同组的各出行日之间是相互独立的。

7.4 多日活动-出行模式

研究所用数据来自 2014 年在上海市进行的一次基于智能手机 GPS 模块的出行调查,采用专门的插补算法和数据融合方法从 GPS 轨迹数据中提取个人活动-出行数据。本书第 9 章对此次基于智能手机的出行调查、数据处理、出行信息提取算法以及样本属性信息都进行了详细的介绍，在这里不再赘述。

数据包括出行者个人属性和由 GPS 轨迹数据挖掘得到的活动-出行日志信息。共有 46 人参与了此次调查。虽然有部分被访者未提供完整一周的数据，但是所有被访者都提供了超过 2 天的数据。研究中区分了 5 类不同的外出活动，即工作(71.90%)、购物(4.30%)、外出就餐(9.62%)、娱乐(3.80%)、个人事务(10.38%)。

对交通规划和管理工作而言，活动(出行)目的、出行方式、出行时间是活动-出行模式中最为重要的结构信息。SAM 方法要求每一个属性维作离散取值，如果分析活动持续时间和出行时耗等连续取值属性，则首先需要选择合适的时间尺度完成数据的离散化；否则，如果时间尺度选择过小，在时间维度上将出现大量的相同元素，这将使得时间属性分析结果毫无意义，而最终关于差异性的分析却被这一维度所主导。反之，如果时间尺度选择过大，一些时耗小于所选定尺度的活动则会被忽略。研究中对在家活动未作进一步细分，而是将其归为一大类“在家活动”。如果考虑时间维度，由于在家活动持续时间较长，这一大类活动将会主导 SAM 分析，带来严重偏离数据实际、夸大模式之间相似性的结论。因此，研究主要从活动目的和出行方式两个维度的 MD - SAM 对活动-出行模式差异性进行分析。

表 7 - 1 是样本活动-出行模式的概况。从表中数据可知，工作日与非工作日的活动-出行模式有明显的差异。几乎所有的被访者在工作日都有外出工作活动，而非工作活动的比例相对较低，反映了工作活动对非工作活动的制约。周末的情况则相反，大部分被访者都只安排非工作活动。即使在周末安排工作活动，也大都安排在周六而非周日。对工作日活动-出行模式的进一步分析表明，周四不同于其他工作日。在 5 个工作日中，周四有最高的工作活动占比和次高(仅低于周五)的非工作活动占比。这使得周四的样本活动-出行模式与其余工作日的差异度更高，而与周末的相似度更高，更像是一周进行到一半的中间调整日。

表 7 - 1　样本活动-出行模式

时　间	样本量	仅有外出工作活动/%	仅有外出非工作活动/%	有外出工作及非工作活动/%	无外出活动/%	合计/%
Mon(周一)	47	76.60	2.12	19.15	2.13	100.00
Tue(周二)	55	78.18	0.00	14.55	7.27	100.00
Wed(周三)	58	77.59	1.72	18.97	1.72	100.00
Thu(周四)	53	67.92	7.55	18.87	5.66	100.00
Fri(周五)	52	65.38	3.85	26.92	3.85	100.00
Sat(周六)	28	39.29	50.00	0.00	10.71	100.00
Sun(周日)	26	26.92	42.31	7.69	23.08	100.00

表 7－2 给出了样本的 MD－SAM 分析结果，从活动目的和出行方式两个维度完成了对各出行日的活动-出行模式差异性的测度。数据所反映的变化规律与发达国家类似的研究所得结论相比，既有共性也有差异。将一周 7 天的活动-出行模式数据两两配对，并用 MD－SAM 完成活动-出行模式对差异性测度。所得到的 21 个数据被划分为 3 类：工作日-工作日模式对、工作日-非工作日模式对、非工作日-非工作日模式对。工作日-工作日模式对的比较结果表明，周四和其他工作日之间的差异度较高，验证了周四作为一周进行到一半的调整日的作用。与国外研究结果相似，工作日活动-出行模式与非工作有显著差异，工作日-周六模式对差异的均值低于工作日-周日模式对。这主要是因为周末的工作活动安排在周六的比例(39%)高于周日(27%)，而周末的非工作活动更多安排在周日[84]。因此，相比于周日，周六的的活动-出行模式与工作日更相似。同样，周四与周末模式对的较低差异度也验证了前述结论。

表 7－2　样本日活动-出行模式差异度

活动-出行模式	差　异	样本量	Mean MD－SAM	Std. MD－SAM
工作日-工作日	Mon to Tue	91	1.12	1.44
	Mon to Wed	83	0.80	1.36
	Mon to Thu	85	1.67	1.50
	Mon to Fri	75	1.40	1.67
	Tue to Wed	94	0.95	1.10
	Tue to Thu	91	1.08	1.33
	Tue to Fri	84	0.95	1.29
	Wed to Thu	94	1.22	1.31
	Wed to Fri	83	1.07	1.29
	Thu to Fri	90	1.12	1.13
	Total	870	1.14	1.36
工作日-非工作日	Mon to Sat	47	1.85	1.23
	Mon to Sun	56	2.05	1.24
	Tue to Sat	49	1.45	1.48
	Tue to Sun	53	1.83	1.24
	Wed to Sat	51	1.67	1.35
	Wed to Sun	54	1.83	1.21
	Thu to Sat	51	1.41	1.40
	Thu to Sun	54	1.80	1.26
	Fri to Sat	53	1.62	1.56
	Fri to Sun	50	1.98	1.33
	Total	518	1.75	1.34
非工作日-非工作日	Sat to Sun	39	1.18	1.10

7.4.1 基于多日出行数据的活动-出行变化模式分析

如前文所述,基于 MD－SAM 的已有研究大都围绕出行行为的分类展开。本研究突破这一研究范式,重点分析出行者社会经济属性和出行日属性影响下的活动-出行模式变化规律。研究中,出行者 n 出行日 t_1(如周一)的活动-出行模式与另一出行日 t_2(如周五)的活动-出行模式序列之间的差异定义为 MD－SAM 测度,得到序列对 $y(y=1,2,\cdots,Y;Y=21)$的编辑距离,即

$$d_{ny}=d(\mathrm{AT}_{n,t_1},\mathrm{AT}_{n,t_2}) \tag{7-11}$$

式中 AT_{n,t_1} 和 AT_{n,t_2} 分别表示出行者 n 在出行日 t_1 和 t_2 的活动-出行序列。假设不同出行日对因出行日不同而表现出不同的活动-出行行为,则对出行者 n 在完整的一周中需要 21 个这样的出行日对。因此,活动一出行模式在各出行日之间的变化可以用式中的面板效用回归模型来分析,模型中表示出行日属性影响的哑变量共有 20 个(其中一个选为基准,$Y-1=20$)。将此模型标注为 Model1。研究中用周五-周日序列对作为基准,用 effectcoding 完成分类变量的编码。

进入模型的社会经济属性变量包括性别、收入、有无小汽车、年龄和职业,用来描述不同出行者群体活动-出行模式的差异。个人收入分为两类,并以月收入低于 1 万元的一类为基准。不同职业的出行者有不同的工作日程和时间灵活度,表现出不同的活动-出行行为,因此研究中区分了大学教师、公司职员和管理人员三类主要职业。相比于公司普通职员,大学教师和公司管理人员对其工作有更大的自主灵活度,工作时间更宽松。因此,模型引入了表示工作时间灵活度的哑变量"flexible work",以描述教师和管理人员的灵活工作时间对其活动-出行模式的影响。

表 7－3 给出了模型参数标定结果。Model1 的常数项为 1.4,是两个不同出行日活动-出行序列平均差异的估计值。从表中数据可以看出,一周各天的活动-出行行为之间有显著的差异,而差异的大小除了与出行日属性有关外,还受到出行者社会经济属性的影响。工作日各天的活动-出行序列相似度较高,周末两天的活动-出行序列也表现出较高的相似度,而工作日与非工作日的活动-出行序列则有显著的差异。其中,工作日与周日的差异又明显高于与其与周六的差异。工作活动的强制性带来了工作日不同于非工作日的活动-出行安排。由于不再受到工作活动的制约,人们在周末可以选择呆在家里不外出或者安排难以在工作日完成的外出非工作活动。

模型参数标定结果还表明男性较女性的日常活动-出行模式更规律,日活动-出行模式序列之间的差异性更小。这可能是因为一方面女性日程安排更灵活,另一方面因其家庭角色而有更多的家庭维持性活动、育儿、购物等活动的临时性外出要求,使得女性的日活动-出行序列之间有较大的差异性。年龄对活动-出行模式的个体内部差异影响为负。相比于青年人,年长者在一周中的活动-出行序列表现出高度规律

性,因此其活动-出行行为在不同出行日之间少有变化。收入对活动-出行模式的个体内部差异影响为正。高收入群体的休闲娱乐和消费需求更大,需要在工作日安排较多的非工作活动外出,因此日活动-出行模式在一周中表现出较明显的变化。私家车的使用提高了出行的可达性和便利性,便于在工作日有限的时间和空间范围内安排合理的非工作活动外出。因此,有私家车的出行者表现出更具变化的日活动-出行模式。此外,对工作有更大主动权和灵活度的出行者也表现出更复杂多变的日活动-出行模式。

Model1 中表示出行日对影响的哑变量显示,工作日之间以及非工作日之间的活动-出行序列并无显著差异,但是工作日和非工作日之间却有明显的差异。为了进一步验证这一结论,研究中对出行日对的影响给出了另一种定义：对工作日仅区分与它

表 7-3　Model1 和 Model3 的参数标定结果(样本量 $N=1\ 427$)

变量名			参数值 (P - value)	
			Model1	Model3
模型常数			1.384 (0.000)	1.499(0.000)
出行日对	工作日-工作日	Mon to Tue	−0.237(0.064)	−0.351(0.004)
		Mon to Wed	−0.596(0.000)	−0.682(0.000)
		Mon to Thu	−0.270(0.038)	−0.113(0.367)
		Mon to Fri	−0.043(0.755)	−0.155(0.242)
		Tue to Wed	−0.378(0.003)	−0.435(0.000)
		Tue to Thu	−0.285(0.024)	−0.374(0.002)
		Tue to Fri	−0.425(0.001)	−0.502(0.000)
		Wed to Thu	−0.118(0.348)	−0.153(0.203)
		Wed to Fri	−0.327(0.014)	−0.379(0.003)
		Thu to Fri	−0.300(0.019)	−0.387(0.002)
	工作日-非工作日	Mon to Sat	0.359(0.038)	0.427(0.014)
		Mon to Sun	0.565(0.000)	0.740(0.000)
		Tue to Sat	0.006(0.971)	0.011(0.945)
		Tue to Sun	0.362(0.027)	0.565(0.001)
		Wed to Sat	0.223(0.180)	0.188(0.240)
		Wed to Sun	0.365(0.024)	0.437(0.007)
		Thu to Sat	0.051(0.760)	0.023(0.887)
		Thu to Sun	0.327(0.043)	0.542(0.002)
		Fri to Sat	0.151(0.359)	0.093(0.553)
	非工作日-非工作日	Sat to Sun	−0.308(0.103)	−0.303(0.172)

表 7-3

变量名			参数值（P—value）	
			Model1	Model3
职业和出行日对交互作用项	工作日-工作日	Flexible work * Mon to Tue		0.419(0.001)
		Flexible work * Mon to Wed		0.036(0.774)
		Flexible work * Mon to Thu		0.749(0.000)
		Flexible work * Mon to Fri		0.394(0.003)
		Flexible work * Tue to Wed		0.394(0.001)
		Flexible work * Tue to Thu		0.346(0.004)
		Flexible work * Tue to Fri		0.273(0.030)
		Flexible work * Wed to Thu		0.683(0.000)
		Flexible work * Wed to Fri		0.403(0.002)
		Flexible work * Thu to Fri		0.334(0.007)
	工作日-非工作日	Flexible work * Mon to Sat		—0.300(0.085)
		Flexible work * Mon to Sun		—0.397(0.020)
		Flexible work * Tue to Sat		—0.452(0.006)
		Flexible work * Tue to Sun		—0.560(0.001)
		Flexible work * Wed to Sat		—0.167(0.296)
		Flexible work * Wed to Sun		—0.302(0.063)
		Flexible work * Thu to Sat		—0.430(0.008)
		Flexible work * Thu to Sun		—0.517(0.003)
		Flexible work * Fri to Sat		—0.400(0.011)
	非工作日-非工作日	Flexible work * Sat to Sun		0.006(0.978)
Sex（哑元，1：男性）			—0.223(0.028)	—0.217(0.026)
Old（哑元，1：年龄大于 50 周岁）			—0.507(0.075)	—0.433(0.114)
High income（个人月收入＞ 10 000 元）			0.330(0.055)	0.329(0.047)
Private car(哑元，1：有小汽车）			0.229(0.061)	0.242(0.040)
Flexible work（哑元，1：职业为大学教师或公司职员）			0.143(0.244)	0.031(0.238)
Δ			1.073	1.011
Σ			0.274	0.262
R^2			0.210	0.260
调整后 R^2			0.196	0.236
AIC 信息指标			620.108	566.807
F -统计量			14.897	10.783
Prob(F -统计量）			0.000	0.000

形成比较对的是工作日还是非工作日。按这一规则，出行者完整一周的数据可以组成 10 个序列对。因此，活动-出行模式面板效用回归模型的出行日对哑变量调为 9 个($Y-1=9$)，以周五和周末序列对的差异为基准，并将模型标记为 Model2。

表 7-4 给出了 Model2 的参数标定结果。模型中，所有工作日-工作日序列对和非工作日-非工作日序列对的参数都为负，而所有工作日-非工作日序列对参数的符号都为正，验证了不同工作日之间、周末两天之间的活动-出行模式相似度较高，而工作日和非工作日之间的活动-出行模式差异度较高的结论。

为了完成模型筛选，研究中选用 Non-nestedJtest[95] 对 Model1 和 Model2 进行了比较。分析结果在 5%的显著性下拒绝了 Model1 相关的参数为零的假设（t 统计量=2.18），在 5%的显著性下同样也拒绝了 Model2 相关参数为零的假设（t 统计量=1.97）。而进一步通过 AIC 标准的比较发现 Model1 由于 Model2。

表 7-4　Model2 参数标定结果

模型变量			参数值（P-value）
模型常数			1.402(0.000)
出行日对	工作日-工作日	Mon to Weekday	−0.177(0.016)
		Tue to Weekday	−0.383(0.000)
		Wed to Weekday	−0.238(0.011)
		Thu to Weekday	−0.322(0.009)
	工作日-非工作日	Mon to Weekend	0.449(0.000)
		Tue to Weekend	0.164(0.158)
		Wed to Weekend	0.276(0.016)
		Thu to Weekend	0.120(0.294)
	非工作日-非工作日	Sat to Weekend	−0.320(0.076)
Sex			−0.216(0.034)
Old			−0.512(0.073)
High income			0.324(0.060)
Private car			0.236(0.055)
Flexible work			0.146(0.233)
Δ			1.093
Σ			0.280
R^2			0.191
调整后 R^2			0.182
AIC 信息指标			633.785
F-统计量			23.658
Prob(F-统计量)			0.000

基于 Model1 的标定结果（见表 7-3），进一步提出如下假设：相比于工作自由度低的出行者，自由度高的个体在不同工作日的活动-出行模式差异度更高，而工作日和非工作日之间的活动-出行模式差异度更低。为了验证这一假设，在 Model 中引入表示出行日对和出行者职业的交互作用项。新模型标注为 Model3，具有如下

形式：

$$d_{n,y}=\alpha_0+\sum_{y=1}^{20}\alpha_y D_y+\sum_{y=1}^{20}\delta_y(D_y\times F_n)+\sum_{e=1}^{5}\beta_e x_{ne}+\gamma_n+\varepsilon_{ny} \quad (7-12)$$

式(7－12)中：变量 F_n 与“flexible work”有相同的定义；δ_y 是交互作用项对应的参数。表 7－3 给出了 Model3 的参数标定结果。

和预期一致，所有工作日-工作日序列对的交互作用项符号为正，而所有工作日-非工作日序列对的交互作用项符号为负，这表明与工作自由度较低的出行者相比，自由度较高的出行者在工作日会有更丰富多变的活动-出行模式，因而工作日之间的活动-出行模式相似度更低，工作日-非工作日之间的相似度更高。对于工作自由度高、时间灵活的出行者，非工作活动的安排可以有更多的选择，除了可以安排在周末，还可以安排在工作日。因此，他们的活动-出行模式在不同工作日之间表现出更大的差异性，而在工作日和非工作日之间的差异性则一定程度上缩小了。表 7－5 给出了 Model1 和 Model3 的比较结果，从 F 统计量可知，出行日对-出行者职业交互作用项的引入显著提高了模型的解释力。

表 7－5 Model1 和 Model3 比较结果

模　型	样本量	模型参数	R－squared
完整模型（Model3）	1 427	45	0.260
受限模型（Model1）	1 427	25	0.210
F 统计量	4.666		
Prob(F 统计量)	0.000 00		

7.4.2 结论及展望

研究采用基于 GPS 模块的智能手机完成出行轨迹记录，通过数据挖掘得到多日活动-出行日志，对活动-出行模式序列在各出行日之间的变化情况及其影响因素进行了系统深入的分析。首先，用 MD－SAM 完成了对日活动-出行模式序列变化程度的度量。然后，用一系列面板效用回归模型分析了模式序列变化的影响因素及其影响程度。为活动-出行模式序列领域的研究提供了新的思路。不同于从序列总差异分解入手完成模式聚类的已有研究范式，MD－SAM 和面板效用回归模型相结合的方法以系统的视角从多个维度分析多日活动-出行模式中的差异性及其变化规律，为多日活动-出行模式的研究提供了新的思路。

用 MD－SAM 和面板效用回归模型相结合的方法，研究得到了一些有意义的结论。首先，研究发现了与已有文献相似的规律[84,96,97]：不同出行日之间的活动-出行模式序列存在显著的差异，且不同工作日的模式之间相似度较高，而工作日与非工作日之间的差异性更大。对工作日活动-出行模式的进一步分析表明，周四不同于其他工作日。在 5 个工作日中，周四有最高的工作活动占比和次高（仅低于周五）的非工作活动占比。这使得周四的活动出行-出行模式与其余工作日的差异度更高，而与周末的相似度更高，更像是一周进行到一半的中间调整日。这一结论与美国[96]和比利时周[86]的相关研究结论有所不同，为了明确研究结果差异的来源需要进行进一步的对比研究。

研究结果表明，一周各天的活动-出行行为间差异的大小受到出行者社会经济属性的影响。男性较女性的日常活动-出行模式更规律，日活动-出行模式序列之间的差异性更小。这可能是因为一方面女性日程安排更灵活，另一方面因其家庭角色而有更多家庭维持性活动、育儿、购物等活动的临时性外出要求，使得女性的日活动-出行序列之间有较大的差异性。年龄对活动-出行模式的个体内部差异影响为负。相比于青年人，年长者在一周中的活动-出行序列表现出高度的规律性，因此其活动-出行行为在不同出行日之间少有变化。收入对活动-出行模式的个体内部差异影响为正。高收入群体的休闲娱乐和消费需求更大，需要在工作日安排较多的非工作活动外出，因此日活动-出行模式在一周中表现出较明显的变化。私家车的使用提高了出行的可达性和便利性，便于在工作日有限的时间和空间范围内安排合理的非工作活动外出。因此，有私家车的出行者表现出更具变化的日活动-出行模式。此外，对工作有更大主动权和灵活度的出行者也表现出更复杂多变的日活动-出行模式。

此外，相比于工作自由度低的出行者，自由度高的个体在不同工作日的活动-出行模式差异度更高，而工作日和非工作日之间的活动-出行模式差异度更小。出行日对和出行者职业的交互作用项也对日活动-出行模式间差异的大小有显著的影响。与工作自由度较低的出行者相比，自由度较高的出行者在工作日会有更丰富多变的活动-出行模式，因而工作日之间的活动-出行模式相似度更低，工作日-非工作日之间的相似度更高。对于工作自由度高、时间灵活的出行者，非工作活动的安排可以有更多的选择，除了可以安排在周末，还可以安排在工作日。因此，他们的活动-出行模式在不同工作日之间表现出更大的差异性，而在工作日和非工作日之间的差异性则一定程度上缩小了。

本研究从分析方法和实证结论方面为分析日活动-出行行为模式的变化提供了新的思路，对出行需求预测和管理工作有重要的意义。然而，目前的研究也还存在一定的局限性，在后续研究中可从以下几个方面进行拓展。首先，目前所使用的样本数据量较小，以年轻和受过高等教育的出行者为主，代表性较差。进一步研究需要扩大样本量、延长调查时间以验证当前研究得到的结论。虽然智能手机调查能够显著地减少多日出行大样本数据采集的成本和难度。但是，随着样本量的增加，日活动-出行模式对的数量迅速上升，对模式间差异性测度算法的计算速度要求更高。这也是目前采用序列比对方法的研究大都局限于小样本数据的主要原因。其次，研究中只考虑了出行方式和活动（出行）目的两个维度，后续应拓展对出行空间和时间维度的研究。而这首先需要选择合适的时空尺度，以避免序列比对中产生过多的重复片段，导致分析结果失真。另外，除了活动-出行序列变化的研究，对序列中具代表性、高频子序列的识别及其与出行习惯和出行选择的联系的研究，对交通需求管理政策的制定和实施有重要意义，应当在后续研究中加以重视。此外，活动-出行模式与城市发展模式、土地利用模式、道路网和交通运输服务模式的匹配关系也是一个有价值的研究课题。为了研究发展中国家与发达国家和地区在活动-出行模式上存在的差异及其根源，则需要一个基于比较数据的对比性研究。

第 8 章　人工智能方法在出行行为分析中的应用

自 19 世纪 70 年代 MNL 模型出现以来，基于随机效用最大化理论的离散选择模型，因其数据利用率高、可移植性强、能够完成管理政策影响下不同群体出行者的响应行为分析等优点而在出行方式选择分析中得到了广泛应用。然而研究人员也发现离散选择模型有其自身弱点：模型的固定结构往往忽略了解释变量之间以及对特定群体分析中选择方案之间的相互关系，模型的线性效用函数不能全面表征解释变脸之间、解释变量和被解释变量之间的相互联系。

近年来，人工智能和机器学习领域的研究成果为出行行为研究提供了新的思路。大量研究表明决策树和神经网络等数据挖掘方法能够灵活地表征方案属性和选择结果之间的相互关系，从样本数据中学习、识别和提取模式特征，并能够通过计算过程提高对噪声数据的自适应能力，表现出了相对于传统离散选择模型的优势。

8.1　基于知识的神经网络

神经网络（Neural Network, NN）是构成基于知识的神经网络（Knowledge Dased Neural Network, KBNN）的基础。然而 NN 的层数、各层的节点数、网络权值和阈值等参数的确定，目前并无通用的方法，网络学习结果容易受到初始参数设置的影响，不利于对具体问题的分析解释。而 KBNN 在提高神经网络计算性能方面效果颇为显著，已成为一种较好的神经网络构造方法。KBNN 最早由 Towel 等人提出，是一种根据已获得的知识规则构造的神经网络，而规则的获取主要有两种方式：来自专家系统的经验和从数据中提取的规则[98]。从数据中提取规则方面，借助前馈网络和分类决策树在功能上的互补性，利用决策树来确定网络结构、隐层数、隐层节点数及网络参数的初始化方法能有效地构建网络结构，并能提高网络学习的速度和泛化能力[99]。

8.1.1　基于决策树的 KBNN 的构造

决策树的生成是从根节点开始，自上而下的递归过程。其分类的实质是对数据样本属性特征进行测试，选择其中信息增益最大的属性对样本进行划分，并以这些属性及其相应取值形成分类边界，得到从根节点到叶节点的不同路径。每条路径对应一条规则，而整棵树则对应一组析取表达式规则。多层前馈神经网络与决策树方法在本质上的对应关系[98]为利用决策树提取规则研究神经网络学习过程提供管理的有利条件。以下以一个异或问题为例(见图 8－1)，结合具有连续属性神经网络设计的超平面方法，说明决策树规则下基于知识的神经网络的构造方法。具体步骤如下：

① 根据进入决策树规则集的属性变量个数预设网络输入层节点数。本例中，feature1、feature2、feature3 三个属性特征与神经网络输入层的三个节点相对应。

② 将以 if $A \geqslant a \wedge \cdots \wedge B \leqslant b$ then class is Class I 形式表示规则的条件改为 $(A-a) \geqslant 0 \wedge \cdots \wedge (B-b) \leqslant 0$ 的形式。其中$(A-a)$为简单超平面。选择改写后的条件中互不重复的简单超平面表达式，以表达式个数为节点数构造网络第一隐层。本例中的三个超平面为 feature1－2≥0，feature2－0.3≥0，feature3－0.5≥0，与网络第一隐层(超平面层)的三个节点相对应。

③ 由决策树的叶节点和分类类别数确定神经网络第二隐层和输出层节点数。本例中有四个叶节点，对应神经网络第二隐层(规则层)四个节点；三个分类类别对应神经网络三个输出节点。

④ 以 Towell 等人提出的两条定理为依据，设定神经网络各参数的初值。

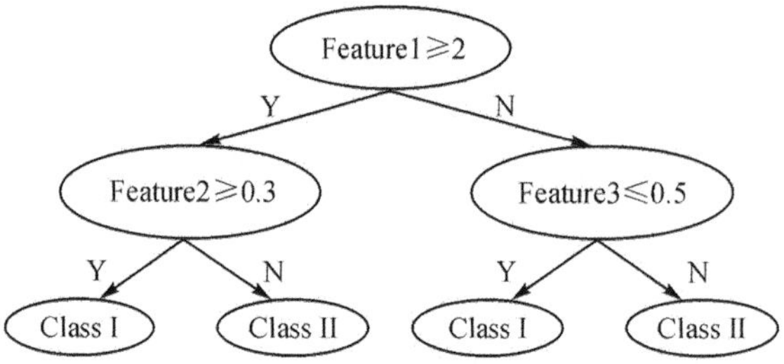

图 8－1　异或问题对应决策树

定理 1　按下面的公式选择权值和阈值的神经网络能够映射前提数充分小的合取决策规则：

$$\omega_p = -\omega_n = \omega > 0 \tag{8-1}$$

$$\theta = -(2P-1)\omega/2 \tag{8-2}$$

式中：ω_p 为与决策规则中肯定前提对应的连接权；ω_n 为与决策规则中否定前提对应的连接权；θ 为神经元连接中肯定前提的个数。

定理 2　按下面的公式选择权值和阈值的神经网络能够映射前提数充分小的析取决策规则：

$$\omega_p = \omega > 0 \tag{8-3}$$

$$\theta = -\omega/2 \tag{8-4}$$

其中各参数的含义同定理 1。

输入层与第一隐层神经元间的初始连接权重对应超平面与各属性的连接，有连接关系的为 1，否则为 0。第一隐层神经元的阈值初始化为超平面的常数项；第二隐层起到“与”的作用，每个神经元对应决策树中的一条分类规则。由定理 1，前提条件为肯定判断的，连接权初始化为 ω；前提条件为否定判断的，连接权初始化为 $-\omega$。第二隐层神经元的阈值初始化为 $-(2P-1)\omega/2$；输出层神经元起到“或”的作用，对应各种决策类别。由定理 2，连接权初始化为 ω，神经元的阈值初始化为 $-\omega/2$，而 ω 的取值需要试探[99]。

这一参数的初始化方法比随机分配的权重和预设的初值更利于网络的训练，能够提高网络收敛速度。按上述规则，图 8－1 中的异或问题就映射到了图 8－2 中的神经网络。其中实线表示有非零初始连接权，虚线表示初始连接权为零。

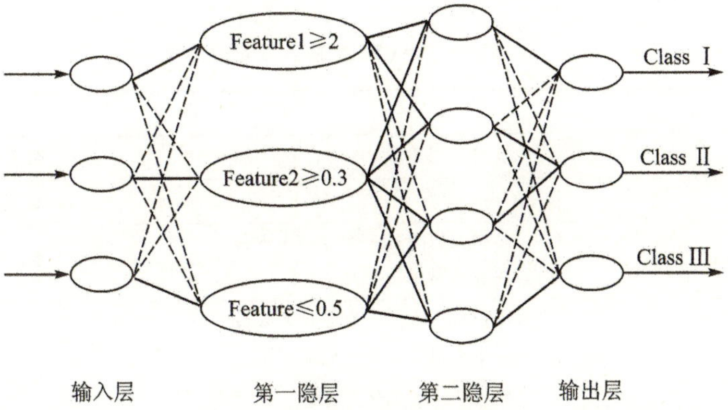

图 8－2　异或问题神经网络

构造决策树时，有部分属性未使用，其中可能有对分类决策有效的属性，所以需要增加构造决策树时未使用的属性特征，扩展网络隐层节点。这些新增输入节点连接权的初值和阈值可随机设定。

⑤ 网络训练。根据各种经典的神经网络训练方法，完成对所构造 KBNN 的训练，用于对未知样本数据的预测。

8.1.2　KBNN 在出行行为分析中的应用

以某市 2004 年人口出行调查数据为来源，研究通勤出行中步行、自行车、助动车、公共交通和小汽车 5 种方式的选择情况。每一类的 80%作为训练样本，另 20%作为测试样本。合并后的训练集中，不同出行方式样本作随机排列。样本数据的方式划分情况如表 8－1 所列。

表 8-1　KBNN 样本统计表

出行方式	训练集	测试集
步行(M1)	134(12.04%)	33(11.87%)
自行车(M2)	322(28.93%)	81(29.14%)
助动车(M3)	84(7.55%)	21(7.55%)
公共交通(M3)	527(47.35%)	132(47.48%)
小汽车(M5)	46(4.13%)	11(3.96%)
合计	1 113(100%)	278(100%)

模型选择 12 个变量作为输入，其定义如表 8-2 所列，输出层 5 个节点与 5 种通勤方式相对应。采用传统的 BP 算法进行训练，输出类别采用胜者为王的方式确定，输出值最大节点对应的类别为输出类别。

表 8-2　KBNN 输入变量表

变量名	定　义	类　型
性别(xb)	0—女；1—男	名义变量
年龄(nl)	周岁	数值变量
教育程度(edu)	1—高中及以下；2—大专；3—本科 4—研究生及以上	名义变量
职业(zhy)	1—单位负责人；2—专业技术人员 3—办事人员；4—商业服务人员 5—农林牧渔水利生产人员 6—生产运输设备操作人员	名义变量
人均自行车数(rjzx)	家中拥有自行车台数与通勤成员数之比	数值变量
人均助动车(rjzd)	家中拥有助动车台数与通勤成员数之比	数值变量
人均小汽车(rjxq)	家中拥有小汽车台数与通勤成员数之比	数值变量
通勤成员数(tq)	0—通勤成员数为 1；1—通勤成员数大于 1	名义变量
人均收入(ainc)	家庭总收入/元与家庭成员数之比	数值变量
月均收入(minc)	通勤者月平均收入/元	数值变量
公休日(gxr)	0—有固定公休日；1—无固定公休日	名义变量
通勤距离	家到单位距离/km	数值变量

出行方式选择模型主要用于分析个体或特定群体在进行某类出行时对不同运输方式的选择，并最终预测各种方式的出行量所占比例。个体预测率(r_{ij})和群体预测率(r_{aj})分别从对单个出行者的判断和对某一类出行方式的预测两个方面评价了模型的预测能力。下面以个体和群体预测率为指标，评价 KBNN 模型的预测能力。两种预测率定义如下：

$$r_{ij} = N_{pj} / N_{aj} \tag{8-5}$$

$$r_{aj} = N'_{pj} / N_{aj} \tag{8-6}$$

式中：$j=1,2,\cdots,5$ 表示 5 种出行方式；N_{pj} 为方式 j 中正确预测样本数；N_{aj} 为实际选择方式 j 的样本数；N'_{pj} 为预测结果是方式 j 的样本数。

将表 8-2 中的 12 个变量作为 KBNN 的输入，利用 C4.5 算法生产规则，选择适当的精度和规模，生成的经过裁剪的决策树如图 8-3 所示。根据 KBNN 的构造规则，提取其中互不重复的 10 个简单超平面表达式，然后构造一个输入层有 12 个节点、超平面层（第一隐层）有 10 个节点、规则层（第二隐层）有 12 个节点、输出层有 5 个节点的神经网络。按前述方法初始化连接权重和阈值，得到用于预测通勤出行方式选择的 KBNN。为验证所构造模型的预测精度，将相同的训练集和测试集分别用于 C4.5 算法决策树、BP 神经网络和 MNL 模型。

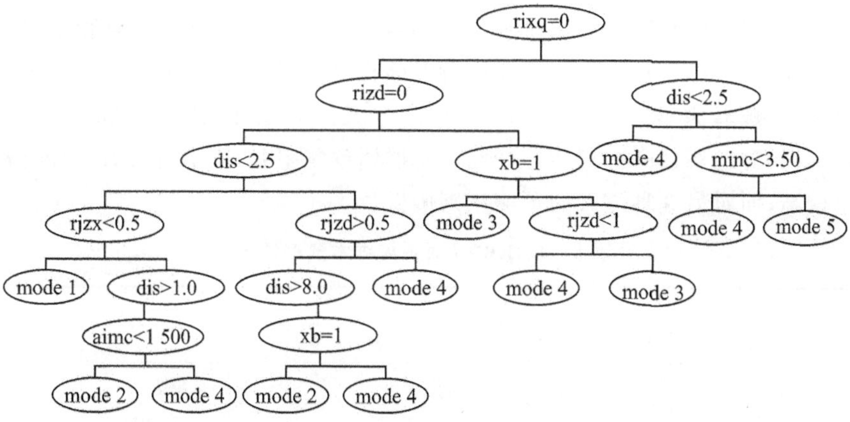

图 8-3　C4.5 决策树

表 8-3 对 4 种方法的预测结果进行了比较。由此可知，KBNN 的训练精度和预测精度都是 4 种方法中最高的，而 C4.5 决策树和 BP 网络都较 MNL 模型有更高的训练和预测精度。相比于 BP 网络，KBNN 不仅训练精度有所提高，而且训练次数大大减少。由于 BP 神经网络的初始连接权重和阈值都是随机选取的，需要训练多次才能得到一个训练精度和预测精度都较高的网络。

表 8－3 4 种方法结果比较

方 法	超平面节点数	规则层节点数	隐层节点数	训练次数	训练精度/%	测试精度/%
C4.5	—	—	—	—	79.20	82.70
BP	—	—	22	5 000	73.50	81.30
MNL	—	—	—	—	70.10	74.40
KBNN	10	12	—	2 100	82.66	85.60

表 8－4 和表 8－5 分别给出了 KBNN 对训练集和测试集的预测结果。无论是测试集还是训练集，网络对助动车、公共汽车和小汽车方式有更好的识别能力；由于步行和自行车方式的相似性较大，网络对这两类方式的识别能力较弱。对助动车、公共交通和小汽车 3 种方式的样本，其错误预测的结果也都分布在这 3 种方式内部。这种预测结果是合理的，因为相对于步行和自行车，助动车、公共交通和小汽车方式都属于机动出行方式，在出行距离和出行时间消耗特征上更为相似。网络对全体样本的个体预测率为 83.50%，对 5 种出行方式的群体预测率分别为 91.60%、105.96%、115.24%、96.81%、91.23%。从群体预测率看，网络对自行车和助动车的预测率偏高，而对另 3 种方式的预测率则偏低。

表 8－4 KBNN 对训练样本预测结果

样 本	样本量					r_{ij}/%	r_{aj}/%
	M1(120)	M2(346)	M3(100)	M4(506)	M5(41)		
M1(134)	109	67	1	0	0	81.34	89.55
M2(322)	10	257	4	56	0	79.81	107.45
M3(84)	0	23	74	10	0	88.10	119.05
M4(527)	1	0	20	440	1	83.49	96.02
M5(46)	0	0	0	0	40	86.96	89.13

表 8－5 KBNN 对测试样本预测结果

样 本	样本量					r_{ij}/%	r_{aj}/%
	M1(120)	M2(346)	M3(100)	M4(506)	M5(41)		
M1(134)	27	5	0	0	0	81.82	100
M2(322)	4	65	0	10	0	80.25	100
M3(84)	0	0	21	7	0	100	100
M4(527)	2	11	0	115	1	87.12	100
M5(46)	0	0	0	0	10	90.91	100

8.2　遗传聚类算法

将基于活动的分析方法与微观仿真方法相结合分析出行行为、预测出行需求、评价交通管理策略已成为交通规划领域的研究热点。其关键是对活动模式的分析，将出行者划分为不同类别，得到各个群体的代表性活动模式，然后通过仿真为各类出行者分配具体活动-出行属性特征。这一研究属于特征子集选择问题，可用聚类分析完成，即将出行者活动模式数据集划分为若干组或类，使得同一组内的活动模式对象具有较高的相似度，而不同组的活动模式对象则不相似。

8.2.1　聚类分析

活动模式聚类涉及分类数据，包括 K 均值聚类、分层聚类在内的一些欧氏距离和需要计算聚类对象平均值的聚类方法都不适用。为了适应对于不同数据类型聚类分析的需要，学者们在 K 均值聚类的基础上提出了 K 中心聚类。与 K 均值聚类不同，K 中心聚类不以均值为聚类中心，而是采用数据集中的实际对象作为聚类中心，能很好地解决 K 均值对孤立点敏感的问题，提高了聚类精度。但该方法受初值影响大，存在局部最优、不易得到全局最优解的问题。

遗传算法起源于对生物系统所进行的计算机模拟研究，是一种借鉴生物界选择和自然遗传机制的搜索算法。与传统算法不同，遗传算法不依赖于梯度信息，而是通过模拟自然进化过程来搜索最优解，广泛应用于数据分析、动态处理、模式识别、人工智能等领域。下面将 K 中心聚类与遗传算法相结合研究出行模式聚类问题。

8.2.2　活动模式表达

对数据结构的认识和了解有利于对算法特点和性能的评价，研究中采用合成数据进行分析。

活动类型的判定是出行者活动模式聚类的前提。通勤是日常出行需求的重要组成部分，研究重点分析通勤者活动模式的特点和聚类分析方法。考虑到工作活动在开始时间、持续时间，以及工作地点和家庭居住地点在空间上的相对固定性，在很大程度上制约和限制着对其他出行和活动的安排。研究中将活动划分为 4 类：在家活动、工作活动、休闲娱乐活动和生活活动。对活动模式作离散化表示：对每个被访者，以 10 min 为间隔，记录其每个时间区间内进行的活动类型，得到长度为 144 的活动类型序列作为日活动模式。序列中各分量为 1～4 的整数，以便对应时间间隔下的活动类型编码，是分类变量，无数值含义。

为了使合成的活动模式数据能够代表实际情况，合成数据主要来自以下 5 类活动计划：

① 标准工作模式(SW)。这一类个体一般有8小时工作活动时间，早上7:00～9:00离开家去单位上班，一些个体中午还会安排外出就餐，傍晚17:00～18:00从单位下班回家。

② 高强度工作模式(PW)。这类个体活动安排与SW组类似，但工作活动时间更长，平均工作时间在10 h左右。

③ 生活工作模式(LW)。这一类个体日平均工作时间也在8 h左右，活动安排与SW类似。但通常工作开始时间较晚，在中午12:00以后。

④ 工作-休闲娱乐模式(WD)。这一类个体与SW组上下班时间和工作持续时间相似，但通常会在工作结束后安排一些娱乐活动。部分出行者会在下班后直接去娱乐场所，另一些则是先回家然后再去。

⑤ 短时多样模式(VS)。这一类个体的工作开始、结束和持续时间都非常灵活，通常还会参加生活和娱乐活动。

从5类模式中各取一个样本，如图8-4所示。

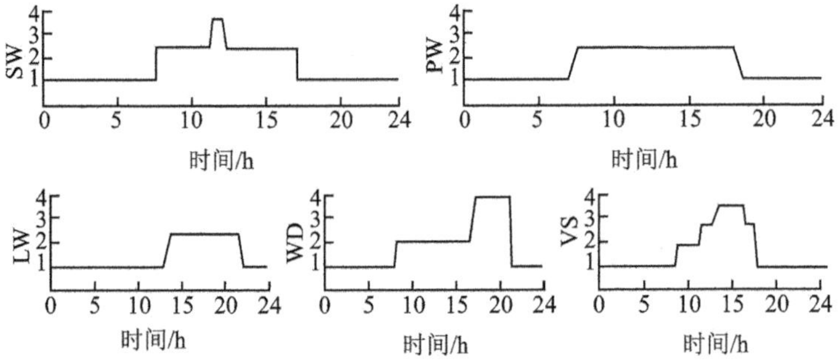

图8-4　活动模式

8.2.3　中心聚类算法

活动模式的分类问题可描述为如下的K中心点聚类问题：假设由N个活动模式对象组成集合$S=\{S_1,S_2,\cdots,S_N\}$，对象S_i是一个长度144的向量，各分量为对应时间间隔的活动类型，通过K中心聚类算法，从这N个对象中找出K个具有代表性的典型模式，并按选定的相异度定义将其他对象分配到最近的代表性模式。算法的流程如下：

① 从N个数据对象中任意选择K个对象作为初始聚类中心点$(m_1,m_2,\cdots,m_K)$。

② 按最小差异度原则，将余下的对象分配到以上述中心点为代表的各个类；

③ 对任意类i，计算对象m_r，计算用m_r代替m_i后各个对象到距离最近的代表性对象差异度之和F_K的取值，选择F_K取值最小的m_r来代替m_i。

④ 循环前面两步,直到 K 个中心点都固定下来。

函数 F_K 的定义如下:

$$F_K = \sum_{i=1}^{N} \min_{t=1,\cdots,K} d(S_i, m_t) \tag{8-7}$$

式(8-7)中:$K<<N$,而 d 是两对象之间的相异度。由于目标函数直接作用于相异矩阵而非原始数据,因此方法能灵活地应用于各类数据对象的聚类分析。研究中对活动模式对象之间的差异度定义如下:活动模式 S_1 和 S_2 之间的相异度 $d(S_1, S_2)$ 为对应时间间隔不匹配活动类型的个数,即

$$d(S_1, S_2) = \sum_{j=1}^{|S_i|} \delta(S_1(j), S_2(j)) \tag{8-8}$$

$$\delta(S_1(j), S_2(j)) = \begin{cases} 0, & S_1(j) = S_2(j) \\ 1, & S_1(j) \neq S_2(j) \end{cases} \tag{8-9}$$

上两式中:$|S_i| = 144$,为活动模式对象 S_i 的长度;$d(S_1, S_2)$ 的取值是 $[0,144]$ 上的整数。

8.2.4 基于遗传算法和 K 中心聚类的新算法

遗传算法的本质是一种高效、并行、全局的搜索和优化方法,能在搜索过程中自动获取和积累有关搜索空间的知识,并自适应地控制搜索过程以求得最优解。将遗传算法与 K 中心聚类相结合并应用于分类数据的聚类分析,不仅能很好地解决局部最优和孤立点的问题,还能加快求解过程、减少计算成本。

首先随机产生遗传算法的第一代并开始选择;然后在每一步的进化中对所有被选中个体计算以其为初始值的 K 中心算法的局部最优解,以局部最优解结果替换原有个体;继续进化过程直到达到最大遗传代数或符合要求为止。算法伪代码如下:

```
for t = 1:GN
    P(t) <-- P(t - 1)
    for j = 1:Np/2 - 1
            P1 = P2j+1(t)
            P2 = P2j+2(t)
            {C1,C2} <-- recombine(P1,P2)
            {C1',C2'} <-- mutata(C1,C2)
            append{C1',C2'} to matrix C
    next
    create matrix M including both P and C
    binary toumament selection matrix M
next
```

算法中，GN 为最大遗传代数；NP 为初始种群规模；$P(t)$为 t 时的种群；P_i 为母体 i，C_j 为个体 j。

1. 染色体编码和初始种群生成

用遗传算法分析聚类问题，对染色体可以有不同的编码方法。考虑到与所研究问题的相关性，最终借鉴 Lucasins 等人[100]的研究，采用整数编码。每条染色体长度为 K（聚类），各元素代表数据集中的对象，该数据对象对应一个聚类中心，且取值为$(1,N)$上的均匀分布。

初始种群随机生成，得到一个初始种群矩阵 $\boldsymbol{P}(0)$。其中每一行代表一个个体，行中的一个元素代表一个聚类中心。矩阵的行数为种群规模，列数为聚类数。一个种群规模为 N，待聚类数为 K 的种群可表示为如下矩阵：

$$\begin{bmatrix} O_{11} & O_{12} & \cdots & O_{1K} \\ O_{21} & O_{22} & \cdots & O_{2K} \\ O_{31} & O_{32} & \cdots & O_{3K} \\ O_{41} & O_{42} & \cdots & O_{4K} \end{bmatrix} \tag{8-10}$$

2. 适应度函数

遗传算法在处理过程中以适应度函数为依据，利用种群中每个个体的适应度值进行搜索，因此适应度函数的选取将直接影响到算法的收敛速度。考虑到活动模式对象的分类取值特性，采用对象间差异度之和 $F_K=\sum_{i=1}^{N}\min_{t=1,\cdots,K} d(S_i,m_t)$ 作为适应度函数，函数定义同式(8-7)和式(8-8)。

3. 选择算子

遗传算子用选择算子对群体中的个体进行优胜劣汰的选择操作，体现了“适者生存”的原则：适应度越高的个体被遗传进入到子代群体中的概率越大，而适应度低的个体被遗传到下一代中去的概率较小。已有研究多采用按比例适应度分配方法计算个体被选中概率，然后用轮盘赌方法进行个体的选择。从理论分析和前期实验结果来看，二进制随机竞赛选择方式(BTS)较轮盘赌方法更具优势，因此本文采用 BTS 方法。首先随机从种群中挑选一定数目的个体，然后选择出最好的个体作为母体，并将此过程反复进行直至选出足够的个体。其中竞争规模(tour)为待设定参数。BTS 算子的选择规模与选择强度(selInt)之间的关系及选择过程中多样化损失(lossDiv)的计算如下：

$$\text{selInt}_{\text{tour}}(\text{tour})=\sqrt{2\left[\log(\text{tour})-\log\sqrt{4.14\log(\text{tour})}\right]} \tag{8-11}$$

$$\text{lossDiv}_{\text{tour}}(\text{tour})=\text{tour}^{-1/(\text{tour}-1)}-\text{tour}^{-\text{tour}/(\text{tour}-1)} \tag{8-12}$$

4. 交叉算子

交叉算子通过把两个母体的部分结构加以替换重组而生成新的个体。交叉操作的目的是在下一代中产生不同于母代的新个体，通过交叉操作，遗传算法的搜索能力得以大幅提高。针对均匀交叉等标准交叉算子可能带来不可行个体的问题，研究中选择 Random Respectful Recombination(R_3)算子作为交叉算子。R_3 的基本原理与均匀交叉相似，但通过算法保证了两个母体所共有的基因一定会遗传到子代，能够保证所得到的个体是可行的，且具有保持相似性、遗传性和适当变异的特点，使得交叉模式的任意两个个体产生的新个体是模式的实例，能保证子个体中的模式均来自于母个体，且两个相似相容模式的实例之间进行交叉产生的子个体仍然是这两个模式的一个实例。

8.2.5　分析及结果

算法用 Matlab 实现。由于遗传算法的随机性，同样的算法在每次得到的结果都是不同的。为此在算法的每一设定参数下重复进行 10 次，下面所给出的结果都是 10 次重复计算的平均值。仿真实验中尝试了不同的初始种群规模、变异率、迭代次数和最大遗传代数对聚类效果的影响，结果如表 8－6、表 8－7 和表 8－8 所列。表中：NP 为初始种群规模；FP 为终止种群规模；iter 为迭代次数；GN 为最大遗传代数；PM 为变异率；fit 为平均适应度函数值；T 为计算时间。

表 8－6　数据量为 300 时的仿真结果

NP	FP	iter	GN	PM	fit	T/s
20	320	5	60	0.05	4 002.0	129
20	320	5	60	0.05	4002.0	125
10	160	5	50	0.01	4 023.0	102
10	160	5	50	0.01	4 025.5	99

表 8－7　数据量为 600 时的仿真结果

NP	FP	iter	GN	PM	fit	T/s
20	1 280	7	60	0.05	7 834.5	700
20	640	6	60	0.1	7 840.5	680
20	640	6	60	0.01	7 853.7	420
20	320	5	60	0.1	7 859.2	327

表 8－8　数据量为 1 200 时的仿真结果

NP	FP	iter	GN	PM	fit	T/s
30	480	5	40	0.05	462.6	212
20	640	6	60	0.05	467.8	405
30	480	5	40	0.01	470.0	172
30	480	5	40	0.01	471.3	189

表 8-6 和表 8-8 的结果按适应度函数从低到高的顺序排列。研究发现,变异率控制着变异操作被使用的频度,当变异率很小时,解群体的稳定性很好,但一旦进入局部极值就很难跳出,容易产生未成熟收敛。对变异率稍作增加,可破坏解群体的同化,保持解空间的多样性,使搜索过程跳出局部最优,收敛到全局最优。而当变异率取值过大时,虽能产生较多的个体,增加了群体的多样性,但有可能破坏掉很多好的模式,使遗传算法近似于随机搜索算法的性能。对于所研究的问题,变异率宜控制在 0.05～0.1,而在 0.05 附近取值的性能更优。另外,初始种群规模的大小直接影响到遗传算法的收敛速度和效率,规模过小,容易收敛到局部最优;规模过大又会影响计算速度。研究表明,当初始种群规模设定在 20 或 30 时,能兼顾算法的收敛速度和性能;迭代次数可以在 5～7 内变化,而最大遗传代数设为 50 或 60 时有较好的效果。并且,所有参数的取值均与待聚类数据的大小有关,当数据量较大时,各参数值也应进行相应扩大。

8.3 支持向量机

出行方式建模分析是出行需求预测的重要组成环节,已有研究大都基于离散选择理论,采用 MNL 模型和分层 Logit(NL)模型结构。近几年,以多层前馈神经网络(Multilayer Feedforward Neural Networks, MLFNNs)为代表的人工智能方法被引入到出行行为研究中,并得到了学者们的广泛关注。

Hensher 和 Ton[101] 用 MLFNNs 和 NL 模型对比分析了通勤者出行方式选择情况。研究中采用 3 组意向选择(SP)数据。每组数据都被分为训练集和测试集两部分,首先用 MLFNNs 和 NL 模型完成训练数据的拟合,然后将标定后的模型用于测试集的预测。对 3 组数据的分析中,MLFNNs 模型的分析效果都优于 NL 模型。

Cantarella 和 Luca[102] 将 MLFNNs 模型用于出行方式分析,并将其分析结果与 MNL、NL 和 Cross-Nested Logit 模型等一系列离散选择模型进行了比较。研究应用两组数据对模型进行了测试和比较。对第一组数据而言,MLFNNs 未表现出明显的优势,而在第二组数据的分析中 MLFNNs 模型明显优于所有离散选择模型。

Xie 等[103] 比较了决策树和神经网络模型在出行方式选择分析中相对于 MNL 模型的优势。研究表明神经网络和决策树模型的效果都优于 MNL 模型。

Helmi[104] 认为误差反传算法存在自身的局限性,容易引导模型向不准确的方向发展。他研究了应用径向基函数神经网络和广义回归神经网络模型对出行方式选择模型的标定过程。研究并不直接使用神经网络模型完成模型标定,而是作为非线性效用函数设定的一个辅助工具。

大量的研究表明,决策树和神经网络模型能够灵活地表征选择方案属性和选择结果之间的相互关系,从样本数据中学习、识别和提取模式特征,并且能够通过计算过程提高对噪声数据的自适应能力，在出行行为预测中相对于传统的 Logit 类模型有明显的优势。然而，神经网络模型是基于经验风险最小化原则的，容易出现对数据的过拟合，使模型陷入局部最小。最终得到的模型对数据的拟合效果很好，而范化能力不足。下面将另一种机器学习算法——支持向量机（Support Vector Machine，SVM）用于出行方式分析选择预测中，研究其在出行行为分析中的应用方法，并将模型结果与 MNL 和 MLFNNs 模型进行比较。

8.3.1 支持向量机模型

SVM 是 Vapnik[105] 和 Cortes[106] 提出的一类新型的机器学习算法，方法基于统计学系统理论，根据结构风险最小化原理得出[107]，能更好地解决过拟合和局部最小的问题，近年来在回归分析和分类问题研究中得到了成功的应用。

支持向量机中的 C－SVM 常被用于分类问题。若将出行方式选择问题看作分类问题处理，可方便地用 C－SVM 模型解决。首先考虑一个线性可分的两分类问题。为简化问题，假设输入的属性向量是二维向量，目标是用两条平行的线性决策边界将这两类样本点分隔开来，并使得分类边界之间的距离最大。假设训练样本集的输入属性向量为 $\{x(i)\}_{i=1}^{N}$，输出属性向量为 $\{y(i)\}_{i=1}^{N}$，其中 $x(i)\in R^2$，$y(i)\in\{-1,1\}$是样本 i 所属类别的标记，则寻找上述分类边界的问题可以抽象为如下的优化问题：

$$\begin{cases}\min\ R=\dfrac{1}{2}\boldsymbol{w}^{\mathrm{T}}\boldsymbol{w}\\ \text{s.t.}\quad y(i)[\boldsymbol{w}^{\mathrm{T}}x(i)+b]\geqslant 1\end{cases}\tag{8-13}$$

式(8－13)中：$\boldsymbol{w}\in R^2$，$b\in R^1$ 为模型待估计参数。二分类问题中，$y(i)=1$ 表示样本属于类别 1，$y(i)=-1$ 表示样本属于类别 2。

实际分类问题很多是线性不可分的，为解决这类问题，需要引入松弛变量和映射函数。对于线性不可分的分类问题可以表示为如下的最优化问题：

$$\begin{cases}\min\ R=\dfrac{1}{2}\boldsymbol{w}^{\mathrm{T}}\boldsymbol{w}+C\sum\limits_{i=1}^{N}\xi_i\\ \text{s.t.}\quad y(i)[\boldsymbol{w}^{\mathrm{T}}\Phi(x(i))+b]\geqslant 1-\xi_i\end{cases}\tag{8-14}$$

式(8－14)中：$\xi_i\geqslant 0$，$i=1,2,\cdots,N$。公式中映射函数 $\Phi[x(i)]$ 将 $x(i)$ 从输入空间 R^{I_n} 映射到了一个新的高维特征空间 $R^h(h>I_n)$。在引入这一映射关系之后（参数 w 的维度从 R^{I_n} 变为 R^h），原来线性不可分的问题在高维空间中变为线性可分的。松弛变量 ξ_i 是样本 i 偏离所在分类决策边界的距离。通过引入松弛变量，使得算法在允许分类边界无法完美地划分某些样本点的情况存在的妥协条件下，使得分类边界间距离最大化的目标得以实现。这一妥协条件需要在目标函数中有所体现，因而出现常数 C，以平衡分类边界距离最大和分类错误的问题。通常将公式表示为其对偶问题以便于求解：

$$\begin{cases} \min\ R = \dfrac{1}{2}\sum_{i,j=1}^{N}\alpha_i\alpha_j y(i)y(j)K\left[x(i),x(j)\right] - \sum_{i=1}^{N}\alpha_i \\ \text{s. t.}\quad \sum_{i=1}^{N}\alpha_i y(i) = 0 \end{cases} \tag{8-15}$$

式(8－15)中：$0 \leqslant \alpha_i \leqslant C, i = 1,2,\cdots,N$，$\alpha_i$ 是拉格朗日乘子；$K\left[x(i),x(j)\right] = \langle\Phi\left[x(i)\right],\Phi\left[x(j)\right]\rangle$，称作核函数，$\langle\cdot,\cdot\rangle$是向量的内积。在解得 α_i 之后，$\boldsymbol{w}$ 可表示为

$$\boldsymbol{w} = \sum_{i=1}^{N}\alpha_i y_i \Phi(x(i)) \tag{8-16}$$

在完成模型标定之后，对于待分析的样本输入值 x，模型输出 $\hat{y}$ 可以表示为

$$\begin{aligned} \hat{y} &= \operatorname{sgn}\left[\boldsymbol{w}^{\mathrm{T}}\Phi(x) + b\right] = \\ &\operatorname{sgn}\left\{\sum_{i=1}^{N}\alpha_i y_i K\left[x(i),x(j)\right] + b\right\} \end{aligned} \tag{8-17}$$

常用的核函数包括线性核函数、多项式核函数、径向基(Radius Basis Function，RBF)核函数和 sigmoid 核函数。研究表明：采用 RBF 核函数并结合对模型的合理选择，不需要再考虑线性核函数；sigmoid 核函数不能保证结果为有限的正数，且其准确性一般会低于 RBF[108]。而多项式核函数在高维情况下使得数值计算难以实现。为此研究中选用 RBF 核函数：

$$K\left[x(i),x(j)\right] = \exp\{-\gamma \| x(i) - x(j) \|^2\} \tag{8-18}$$

8.3.2 建模数据

研究以某直辖市 2005 年交通综合调查的居民出行调查数据库为数据来源，研究被调查者上下班通勤出行对步行、自行车、助动车、公共交通、小汽车共 5 种出行方式的选择情况。用于建模的数据来自 4 725 个通勤者及其家庭的社会经济属性和调查当日的活动与出行数据。样本数据的出行方式选择情况如表 8－9 所列。

表 8－9 样本统计表

出行方式	可选		实际选择	
	样本数	百分比/%	样本数	百分比/%
步行 M1	2 290	48.46	576	12.19
自行车 M2	3 933	83.23	1 390	29.43
助动车 M3	241	5.10	62	1.31
公共交通 M4	4 541	96.12	1 258	26.62
小汽车 M5	2 332	49.35	1 439	30.46
合计	—	—	4 725	100.00

通勤出行方式选择主要受到出行者及其家庭的社会经济属性、运输系统属性、通勤出行特征等因素的影响。为便于不同模型分析效果的比较，在文献总结和前期研究的基础上选择如表 8-10 所列的 13 个变量作为 3 个模型的共同输入。

表 8-10　模型变量定义

变量名	定义及取值
male	1—出行者为男性；0—出行者为女性
age	出行者实际年龄/周岁
subh	1—工作途中有回家出行；0—无
hwh	1—上下班途中有非工作活动；0—无
cdis	家到单位实际距离/km
short	1—家到单位距离≤1.5 km；0—其他
early	1—从家出发时间早于 7∶00；0—其他
bike	家中自行车数/辆
ebike	1—家中有电动车；0—无
yp	1—出行者持有月票；0—无
car	1—家中有小汽车；0—无
inc1	1—家庭月收入≤2 500 元；0—其他
inc2	1—家庭月收入为 2 501～5 500 元；0—其他

出行方式选择模型主要用于分析个体或特定群体在进行某类出行时对不同运输方式的选择，并最终预测各种方式的出行量和所占比例。个体预测率(r_{ij})和总预测率(r)分别从对单个出行者的判断和对所有出行方式的预测两个方面评价模型的预测能力。下面以个体和总预测率为指标，评价 3 个模型的预测能力。

为比较 MNL 模型和机器学习模型的分析效果，首先将数据分为两部分，分别用于模型拟合和预测；然后将 80%的拟合数据用于训练，将 20%的拟合数据用于验证，以便求得 MLFNNs 和 C-SVM 模型的最优参数。其样本统计表见表 8-11。

表 8-11　样本统计表

数　据		MNL	NN 和 C-SVM
拟合样本	训练集	1 500	300
	验证集		1 200
测试集		3 225	3 225

8.3.3 模型标定

首先建立用于出行方式选择分析的 MLFNNs 模型。本研究中采用单隐层，用 Matlab 神经网络工具箱中的 trainbr 完成网络训练，采用交叉验证方法确定最佳隐层神经元数目。最终确定最佳隐层神经元数为 21。

C-SVM 模型采用 RBF 核函数。参考已有文献和前期研究，选择参数 C 和 γ 的变化范围分别为[1,200]和(0.01,0.60)。研究发现，随着参数 C 和 γ 取值的增大，模型对训练样本的分析能力提高，但对验证数据集的分析能力则表现出先提高后降低的趋势。通过交叉验证方法得到参数 C 和 γ 的最佳取值分别为 16 和 0.167。

用于出行方式选择分析的 MNL 模型以步行方式为基准，以表 8-10 中的变量为解释变量。用训练集样本完成模型参数标定，结果如表 8-12 所列。参数符号和取值大小都与通勤者实际出行选择行为一致，且满足各项统计检验要求。

表 8-12　通勤者出行方式选择 MNL 模型参数标定结果

变量名		参数估计值	t 统计量
自行车	Constant1(自行车方式常数项)	1.11	14.35
	car	−0.23	−2.04
	bike	0.57	4.59
	inc1	0.42	6.61
	subh	0.40	2.63
	hwh	0.122	2.76
	yp	−0.47	−2.46
助动车	Constant2(助动车方式常数项)	−1.52	−12.27
	ebike	0.73	4.70
	male	0.48	6.05
	subh	1.21	3.15
	hwh	1.01	3.54
	inc2	0.29	5.22
公共交通	Constant3(公共交通方式常数项)	−0.84	−5.17
	age	−0.04	−8.22
	car	−0.43	−7.67
	yp	1.54	6.48
	subh	−1.23	−3.50
	hwh	−1.19	−8.72
	cdis	0.50	13.25
	early	0.23	7.66

续表 8－12

变量名		参数估计值	t 统计量
小汽车	Constant4(小汽车方式常数项)	−2.19	−11.64
	age	−0.02	−5.93
	car	2.74	14.77
	yp	−0.43	−3.58
	inc1	−0.20	−3.47
	inc2	−0.15	−3.08
	cdis	0.31	24.34
样本数＝1 500			
$LL(0)=-2\ 414.16$，$LL(c)=-1\ 981.25$ $LL(\hat{\beta})=-1\ 158.80$，			
$-2[LL(0)-LL(\hat{\beta})]=2\ 510.72$ $-2[LL(c)-LL(\hat{\beta})]=1\ 644.90$，$\rho_0^2=0.52$			

模型对拟合样本集和测试样本集的分析结果如表 8－13 所列。从总体上看，无论是对拟合样本还是测试样本，从预测结果表的比较可以看出，MLFNNs 和 C－SVM 模型都明显优于 MNL 模型。而相比于 MLFNNs 模型，C－SVM 模型不仅预测准确性有一定的提高，而且不需要对模型结构的反复试错分析，是更为有效的出行方式选择分析工具。

表 8－13 模型对样本分类的混淆矩阵

模型	观测结果	拟合数据预测结果								测试数据预测结果							
		M1	M2	M3	M4	M5	Total	r_{ij}%	r%	M1	M2	M3	M4	M5	Total	r_{ij}%	r%
MNL	M1	124	42	4	1	12	183	67.76	—	286	88	11	6	2	393	72.77	—
	M2	5	349	12	53	22	441	79.14	—	22	721	73	125	8	949	75.97	—
	M3	0	3	7	6	4	20	35.00	—	0	2	13	14	13	42	30.95	—
	M4	3	28	1	317	50	399	79.45	—	32	60	58	663	46	859	77.18	—
	M5	2	6	1	40	408	457	89.28	—	7	15	4	107	849	982	86.46	—
	Total	134	428	25	417	496	1 500	—	80.33	347	886	159	915	918	3 225	—	78.51
MLF-NNs	M1	148	22	1	8	4	183	80.87	—	312	64	2	15	0	393	79.39	—
	M2	20	365	4	14	38	441	82.77	—	77	731	9	57	75	949	77.03	—
	M3	0	3	13	4	0	20	65.00	—	0	2	40	0	0	42	66.67	—
	M4	4	27	2	338	28	399	84.71	—	10	65	9	723	52	859	84.17	—
	M5	4	7	2	37	407	457	89.06	—	1	31	2	61	887	982	90.33	—
	Total	176	424	22	401	477	1 500	—	84.73	400	893	62	856	1 014	3 225	—	83.13

续表 8-13

模型	观测结果	拟合数据预测结果								测试数据预测结果							
		M1	M2	M3	M4	M5	Total	r_{ij}%	r%	M1	M2	M3	M4	M5	Total	r_{ij}%	r%
C-SVM	M1	153	29	1	0	0	183	83.61	—	332	61	0	0	0	393	84.48	—
	M2	3	377	5	46	10	441	85.49	—	48	790	0	110	0	949	83.33	—
	M3	0	4	14	2	0	20	70.00	—	0	0	32	11	0	42	74.42	—
	M4	1	1	4	350	43	399	87.72	—	13	20	0	766	60	859	89.17	—
	M5	0	3	2	30	422	457	92.34	—	0	3	0	75	904	982	92.06	—
	Total	157	414	26	428	475	1 500	—	87.73	393	874	32	962	964	3 225	—	87.57

第9章　移动互联时代下的出行数据采集和分析技术

在出行行为分析领域，建模数据的可靠性和有效性直接决定了出行需求分析模型的构造、标定和应用环节。随着基于活动模型的复杂化、精细化，数据的重要性也上升到了一个新的高度。随着研究重点从出行选择向活动-出行模式、动态性、出行习惯的转变，对数据的要求也不再局限于基于出行日志的横截面数据，而是需要有长达几周或几个月时间的活动-出行数据。为了满足活动-出行动态选择行为建模的数据要求，被访者需要参加长达数周的多日出行调查。这些调查持续时间更长，涉及的调查信息也更详尽，需要被访者投入大量的时间和精力，最终造成调查的回复率低、信息可靠性差。因此，这样的面板数据并不多见，而为数不多的几个多日出行面板数据的样本量也很有限。

信息通信技术的发展为交通数据的采集和处理提供了新的手段。便携式 GPS 模块及其在手机和可穿戴设备中的集成正在改变着出行数据的采集和使用方式。具有 GPS 功能的智能手机能够自动记录并上传出行数据，大大减轻了多日出行调查参与者的负担。这些先进技术设备相比于通过被访者凭记忆回顾的传统调查方式在所获得时空信息的准确性方面有绝对的优势，但是新的数据采集方法也面临着新的问题。为此，本章在比较 GPS 调查和传统问卷调查的基础上，将详细介绍基于智能手机的多日出行调查设计和实施，包括智能手机应用程序、基于手机的电话回访调查方法和出行信息识别技术等。

9.1　出行调查

出行数据采集方法可以分为两大类：基于被访者通过纸质问卷、邮件、计算机辅助电话访问或网络报告活动和出行信息的调查，或者基于独立 GPS 模块或具有 GPS 功能的智能手机的调查。在过去十多年间，基于 GPS 的出行调查因其在改善出行信息漏报和回复率、减轻被访者调查负担、提高时空信息准确性方面的优势而逐渐受到关注。

早期的车载 GPS 装置仅供随车使用。后来出现了“主动 GPS”，它是一个集成在个人数据数码助理(PDA)上的GPS模块,要求被调查者在出行过程中输入相关的出行信息。直到便携式GPS模块的出现,基于GPS的出行数据采集才成为了可能。这类调查相比于传统的问卷调查方式有显著的优势,同时也面临着新的问题:GPS装置的携带时刻都在提醒被访者,自己的行为数据正在被记录着,让他们有隐私方面的顾虑;GPS装置在调查前的发放和调查结束后的回收问题;调查装置的购置需要一大笔可观的投入。近年来,智能手机的普遍使用为出行数据的采集提供了新的手段。除了GPS模块外,智能手机对GSM/GIS/WIFI等技术手段的集成使得在GPS信号缺失或信号不佳情况下的出行数据自动采集成为可能,并能通过这些技术的综合使用采集到更精细的活动-出行数据。

最早的基于GPS的出行调查是在1996年开展的Lexington地区出行数据采集工作,是对基于GPS的居民出行调查相关概念和理论的一次验证[109]。此后,基于GPS的调查在出行行为研究领域得到了更为广泛的应用。虽然GPS模块能够采集到轨迹点在时间和空间方面的准确信息,但是如何从出行轨迹记录中正确识别出行停驻点、出行方式、出行目的等活动-出行属性数据,对数据管理和处理工作提出了新的挑战。

基于GPS的回访调查为出行信息的验证和确认提供了帮助。回访调查可以采用面谈、纸质调查、电话或网络等方式完成。实际上在Lexington地区进行的第一次基于GPS的调查中就已经采用了基于回访的数据确认方式。回访调查对缺失数据处理、出行信息挖掘算法完善等方面的重要意义也被大量研究所验证[110-112]。基于智能手机集实时采集、个性化出行信息、多方位传感器技术于一体,对交通数据采集和信息提供了便利。研究人员开发出了能够在Android系统和IOS系统上运行的数据采集APP[113-115],配合相应的数据处理算法,能有效地完成活动-出行调查的任务。基于智能手机的出行调查也主要面临电池有效管理的问题,需要在定位软件长时间运行中保证手机的正常使用功能不受干扰。

9.2 基于智能手机的出行调查

9.2.1 调查方案和调查软件

下面介绍作者主持并参与的一项基于智能手机的出行调查。调查以单个出行者为对象,由志愿者招募和预调查、出行轨迹GPS数据记录、基于电话的回访调查三个阶段组成。参与调查的被访者在调查开始前会收到调查说明,并签署隐私条款。调查说明向被访者详细介绍调查目的、调查过程和APP的使用方法。被访者需要按要求完成调查注册和手机端调查软件的安装，在调查主页上在线完成并提交出行者及其家庭社会经济属性问卷，同时预留用于回访的电话号码。除家庭人口、收入、车辆和各成员社会经济属性之外，问卷还涉及对居住地、各家庭成员工作地及驾照情况等信息的采集。整个调查持续一周，被调查者需要从调查第一天开始，连续 7 天运行调查 APP，并在每天最后一次出行完成后完成当日出行轨迹数据的上传。在收到被访者上传的轨迹数据后，数据处理系统完成对主要出行属性的识别，以用于后续回访调查。在调查进行的过程中，被访者需要参与至少连续三天的回访调查。通过回访调查完成验证后的出行信息将用于对出行端点、方式、目的等属性识别算法的研究和改进。在整个调查结束后，出行者将反馈调查及 APP 使用情况，用于后续调查方案的改进，并得到 100 元的回馈。图 9－1 给出了调查系统的框架。

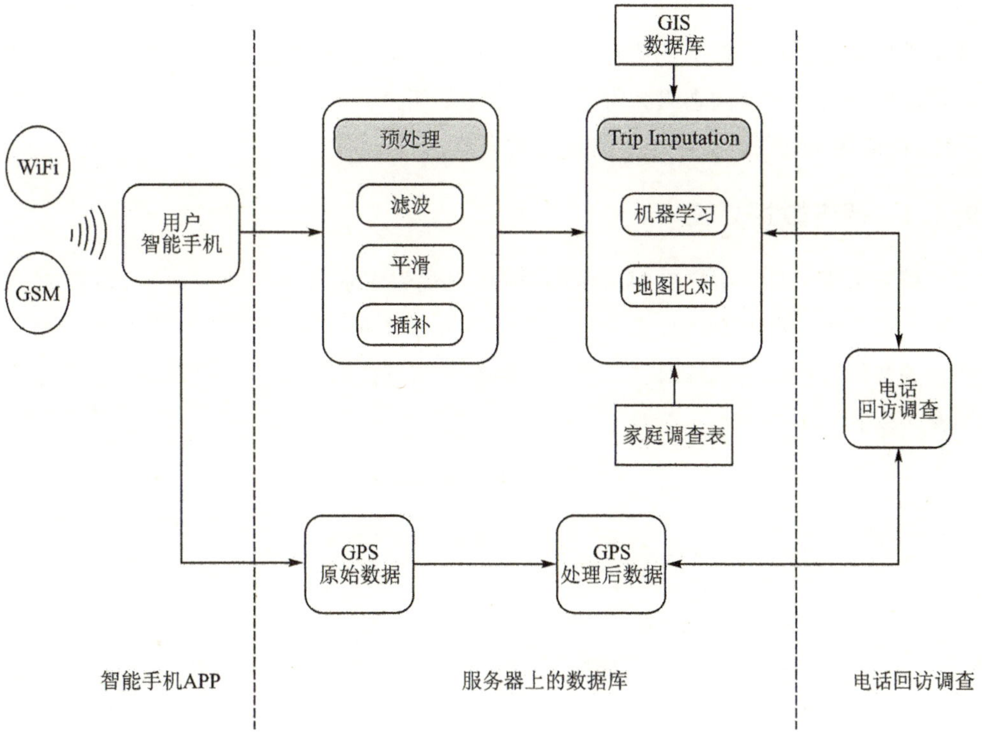

图 9－1　调查系统框架图

虽然有一些现成的定位 APP 可供选择，但考虑到数据的采集方案和数据管理的可控性及其与数据处理算法的集成性要求，调查组开发了自己的定位软件。调查软件有简单而友好的界面。在每天第一次出行离开家之前，被访者需要打开定位软件，而在每天最后一次出行结束到家后，需要上传数据，并关闭软件，以完成当日出行调查。定位软件开启后将在后台自动运行，以减小电池消耗以及对电话正常使用的干扰。调查软件能采集来自 GPS、GSM、WiFi 和加速度器的多源移动数据。如前文所述，GPS 定位服务的开启非常耗电，而且耗电量还会随着数据采集频率的提升而增加。只在 GPS 传感器处于工作状态时进行数据采集的方式虽然能够显著减少电池消耗，却会造成停驻点与冷(热)启动点相互混淆，难以准确地推断出行端点、方式等属性。因此在调查方案和数据处理算法调试、验证阶段，通常需要保持较高的数据采集频率。后续研究中可进一步调整采集频率，完成后数据采集方案的对比研究。研究中数据采集频率为每秒一次。

此外，还需要考虑手机调查数据的传输。为了保证数据采集过程不会对手机的正常使用造成干扰，从用户手机端到调查数据服务器之间的数据传输是非实时进行的，而是在当日调查结束时一次性完成上传。这种数据传输方式也能在一定程度上减小手机电池消耗。在上述调查方案中，一部 Android 系统或 IOS 系统智能手机能正常使用一天以上。调查组为每个被访者配备便携式充电宝一部，作为参与调查的回馈，同时为了确保调查中手机有充足的电量。

9.2.2　调查数据处理

调查采集了具有不同空间尺度的微观、中观和宏观三个层次的数据，如表 9-1 所列。调查中最小的空间分析单位是由唯一门牌号码所确定的小区。小区的社会经济相关数据通过网络蜘蛛对主要房地产网站的信息抓取获得。共识别得到 3 万多个调查小区。

表 9-1　调查数据结构

空间尺度	数据来源和内容
微观层面	出行 GPS 轨迹数据如下： 个人活动锚定点数据：工作(学习)单位地址、居住地址。 上海市 POI 数据：包括政府机构、教育资源、商业、娱乐、服务设施、医疗资源、金融机构、超市、购物中心、公园绿地、交通设施等
中观层面	调查小区空间地理数据：小区位置、小区居民的社会和人口统计数据、小区内部及周边配套设施、小区交通周边交通条件和设施等
宏观层面	上海市行政区划图、上海市街道电子地图、上海市轨道交通电子地图(包括各站点经纬度信息)

智能手机采集到的出行数据虽然具有较高的时空精度，却需要通过专门的数据处理程序实现对原始数据的管理、处理和分析。GPS 模块输出的轨迹数据包括经纬

度、时间、即时速率、视野中的卫星数等信息。首先对 GPS 启动时信号不佳的数据点进行清理，并通过滤波、平滑和插值等方法解决信号漂移、数据缺失的问题。每个出行者每天的出行与一个轨迹数据文件相对应。通过对日出行轨迹数据挖掘得到基本的出行属性信息。出行端点的判断遵循以下规则之一完成：

① 相邻轨迹点之间的时间间隔超过 180 s，且平均速度在 0.6 m/s(研究中将此速度作为步行最低速度的下限)以下的，轨迹点决定了一个可能的停驻点；

② 出现了数据缺失，并且以缺失数据点计算得到的平均速度远低于其前后相邻移动轨迹点的平均速度，轨迹点决定邻域内有一个可能的停驻点；

③ 对于连续轨迹点，参照 Liu[116] 的方法判断潜在可能的停驻点。

通过上述规则判定得到的潜在停驻点将通过地图匹配得到最后的出行端点。

对出行方式的识别通过两步完成：首先应用多层神经网络模型以平均速度、最大速度、速度中值、轨迹段的距离、出行者自行车和小汽车拥有情况信息为输入，将出行划分为步行、自行车和机动方式三类；然后对判定为机动方式的，再借助街道、公交系统和地铁系统信息，通过排除法细分为公交、小汽车和地铁方式。地铁方式出行轨迹通常有大段的数据缺失、较高的平均速度、起讫停驻点临近地铁站点等特点。公交方式出行轨迹通常在开始段、结束段或中间段有被判断为步行方式的片段。此外，公交方式轨迹的开始或结束段通常与公交线路重合，还有间歇性的、不与道路交叉口相重叠的停顿。小汽车方式出行轨迹通常与道路重合程度较高，并有方向数据的持续记录，而公交方式出行轨迹应与某一公交运行线路有较高的吻合度。研究中轨迹起讫点、轨迹路径、轨迹与道路和公交线路的匹配度等指标也被用于小汽车方式和公交方式的进一步识别。综合下来，出行方式识别算法的精度为 95%。误判较多的主要是公交和小汽车方式，特别是在 GPS 信号不良、小汽车行驶在拥堵的道路上造成轨迹有多个短时停驻的情况下。

出行目的识别主要通过 GIS 系统中交通分析小区、上海市 POI 地图与居住地址、工作(学校)地址和常活动地址的地图匹配完成。

智能手机输出的数据是以逗号分隔的.CSV 文件。随着在 GIS 系统中数据处理过程的进行，数据量迅速膨胀。因此，数据管理工作非常重要。不同的 GIS 系统和数据处理方法对数据管理提出了不同的要求。研究中，轨迹数据.CSV 文件首先被读取到 Matlab 中完成数据清洗，然后输出到 ArcGIS 系统中，并完成出行端点、方式和目的识别。每个出行者的每日出行都与一个地信数据文件对应，该数据文件还包含出行属性信息表。图 9-2 给出了日出行初始轨迹数据的点层，图 9-3 给出了该轨迹经过处理后的结果。

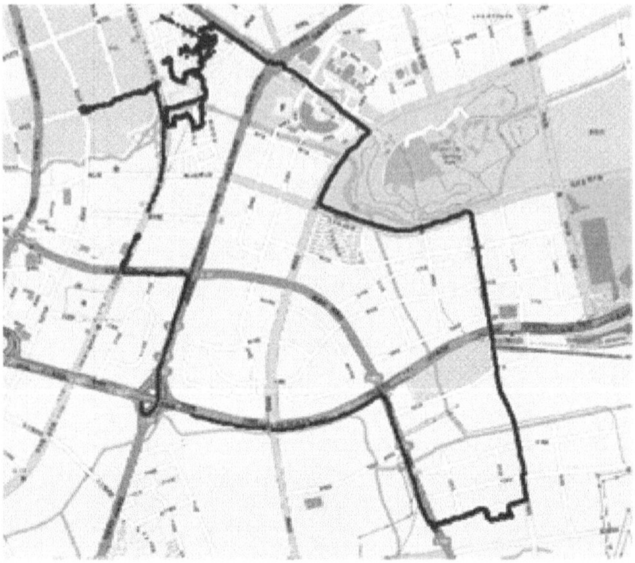

图 9-2 原始出行轨迹

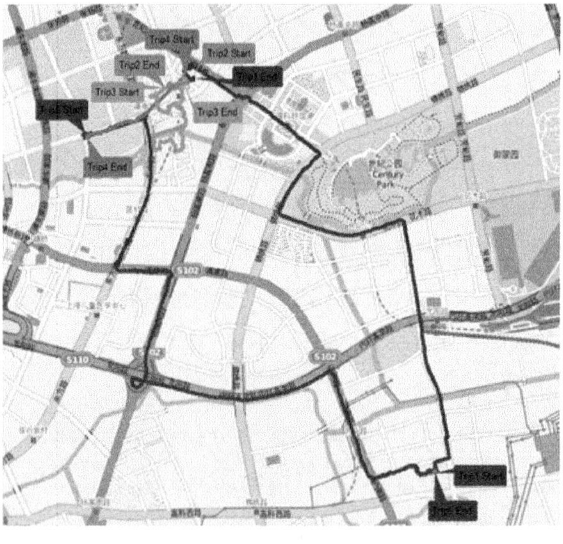

图 9-3 处理后的出行轨迹

9.2.3 回访调查

通过电话回访调查在完成上传数据的出行属性识别后，通过出行端点、时间、方式、目的地的验证为数据处理算法的研究及改善提供支持。回访调查以图 9-3 中提供的活动-出行属性信息为基础。调查中，调查员拨打被访者预留电话，并按出行时间先后向被访者提供通过数据处理算法得到的调查当日各次出行的时间、起讫端点、出行方式和目的信息，一一完成确认。最后被访者还要完成出行信息推断准确性、出行端点删减、出行信息修正等。经回访调查确认的数据将用于出行属性识别算法的改进。通过回访调查发现错误主要出现在以下的情况：

① 数据处理算法会遗漏一些短的停驻，特别是小于 180 s 的停驻；

② 数据处理算法将一些交通节点误判为出行端点；

③ 在出行结束前由于信号问题未能记录准确位置信息，造成了出行端点的误判；

④ 对目的地被访者居住地址之外的居民用地的出行目的有误判。

9.3 基于智能手机的出行数据采集

初始调查所采集的数据主要用于验证调查 APP、确定调查参数和调查流程。被访者主要通过研究团队成员的社会网络招募。这种招募方式虽然不能保证样本有足够的代表性，但是可以更好地保证回访调查的执行和数据确认的可靠性，因此非常适合初期阶段对于调查系统开发和完善的需要。在调查过程中，被访者需要遵照调查方案要求，持续运行调查 APP 一周，并在调查组指定的连续 3 天中参与回访调查。回访调查通过电话完成，被访者将在回访调查完成后得到 100 元的回馈。共有 46 人参加了调查，其中 21 人为男性，另 25 人为女性。表 9－2 给出了样本出行者的社会经济属性。与大部分基于智能手机的出行调查相同，样本主要由中青年且学历较高的被访者组成。样本平均年龄为 32.8 周岁，大部分被访者是公司普通员工。部分参与者的有效出行数据天数少于 7 天，但都有至少 2 天的有效数据。

表 9－2 样本社会经济属性

社会-经济属性	定 义	样本/%
性 别	男	45.65
年 龄	30 周岁以下	34.78
	31～40 周岁	50.00
	41～50 周岁	10.87
	50 周岁以上	4.35
职 业	大学教师	15.22
	公司职员	71.74
	公司管理人员	13.04
受教育程度	高中	8.70
	大学	65.22
	研究生及以上	26.08

续表 9-2

社会-经济属性	定　义	样本/%
个人月收入	5 000 元以下	47.83
	5 001～10 000 元	34.78
	10 001～15 000 元	10.87
	15 001 元以上	6.52
自行车拥有情况	有	36.96
小汽车拥有情况	有	43.48

采集到有效出行记录共计 716 条。工作日和非工作日的日平均出行次数为 2.6 和 2.3，平均外出活动次数分别为 1.4 和 1.2。通勤出行的平均出行距离为 14 km，平均出行时耗为 47 min，较荷兰长 17 min，较德国长 12 min，较美国和澳大利亚长 26 min[117]。调查数据也高于 2009 年上海市居民出行调查的相关数据[118]。这除了与调查抽样偏差有关外，还因为纸质问卷调查的出行信息漏报、出行时间和位置信息偏差较大，而基于 GPS 的调查能提供准确的出行时间和空间数据[110-112]。

研究区分了 5 种不同的出行方式，即步行(12.77%)、自行车(2.20%)、电动自行车(4.67%)、公共交通(包括公交和地铁，共计 54.81%)和小汽车(25.55%)。样本出行方式以公共交通为主，其次是小汽车。与上海市 2009 年居民出行调查[118]结果相比较，样本有更多的公交和小汽车出行，而步行和自行车出行则较少。而这一结果与被访者不包括退休和无就业人员，并且以中青年、具有较高学历的出行者为主的事实相吻合。

初试调查虽然并未得到有代表性的样本数据，但是为后续研究对调查方案和数据处理方法的完善提供了经验借鉴。首先，调查 APP 应提供 Android 和 IOS 两种版本，其界面要尽可能简单、友好，能够安静地完成数据采集，而不会干扰智能电话各项功能的正常使用。如果在用户和 APP 之间设置过多的互动操作(如显示当前位置、当前出行轨迹)，将会显著地增加手机电量的消耗，不利于调查期间手机电池的管理。其次，要解决好手机电池待机时间和数据采集频率的矛盾。在试调查阶段，为了调查和数据处理算法相关参数的选定，需要设定较短的数据采集时间，以获得更准确、密度更大的轨迹数据。在确立了调查参数和流程之后，则可以适当地调整数据采集时间间隔以获得更长的电池待机时间。此外，从数据和算法验证的需要来看回访调查是很有必要的。在持续时间较长的调查过程中，回访调查也能起到提醒被访者严格按要求参与调查的作用。通过分散在不同调查日的回访调查可以对调查 APP 开启、GPS 定位功能开启等容易遗忘的环节进行提醒，在提高有效调查数据的数量的同时完成数据的验证。虽然基于电话的回访调查能有效地控制数据验证环节，但是随着调查样本量的增加需要选用效率更高的网页调查方式。另外，调查小区的设定需要与可得的各种地信数据在空间尺度上相一致。研究中选取以独立门牌号码确定的小区为基本分析单元，为后续地理空间信息匹配、出行信息推断提供了有效的数据分区单位。原始 GPS 轨迹数据会随着数据处理操作的进行而迅速膨胀，对数据管理工作提出了较高的要求，而具体的管理流程和方法则需要考虑所使用的 GIS 软件和数据处理算法进行设计。

9.4　基于移动数据的出行行为分析

随着移动技术的迅速兴起和普及，大量被动出行数据的采集成为可能，并带来了对人的活动规律研究的快速增加。与问卷或基于 GPS 等主动招募志愿者所进行的出行调查不同，被动数据并无有目的的调查渠道。例如，移动运营商在运营过程中采集到的基站定位数据，用户在社交网络上的在线活动产生数据，公交系统中采集到的智能卡刷卡数据等。这些被动方式采集到的数据与主动出行调查得到的数据在内容和结构上有很大的差异，需要不同的数据处理方法和建模技术。

手机被动位置数据采集是手机与蜂窝网络运营商基站之间通信的结果，也就是通常说的定位过程。蜂窝网络由若干基站组成，每个基站服务于一个服务区，每个基站都由一个唯一的 ID 确定。基站可以通过移动通信交换中心，与移动电话终端之间进行信息传递。当手机用户与蜂窝网络通信时，需要手机定位数据，当手机用户主动连接网络（呼出语音电话）时，蜂窝网络运营商需要获取用户的位置信息以便确定向其提供服务的基站。因此，当用户与蜂窝网络通信时，就会产生定位数据，而且这些数据是服务商在蜂窝网络运营过程中为实现服务计费和网络管理功能而自动和被动产生的。

目前可获取的手机数据主要分为两大类：手机话单数据和手机信令数据。手机话单数据由手机网络运营服务商提供，包括移动通信网络所记录保存的用户通话时间、提供服务基站编号和位置等信息。话单数据的内容格式如表 9－3 所列。当手机用户从一个位置区进入另一个位置区，或使用手机进行主叫、被叫、短信收发等操作时，相关信息将会被记录在话单数据中，因此话单数据可以间接地提供用户出行起点、终点、路径及相应时点数据。手机信令数据是移动运营商通过手机信令采集系统，在匿名手机用户发生信令事件时所获取的信息。信令事件包括：

① 开机、关机；

② 通信网络服务，如主叫、被叫、收发短信等；

③ 手机跨越不同位置区时产生的正常位置更新；

④ 为保证网络与手机的连接,手机定时自动向网络汇报当前位置的周期性位置更新;

⑤ 在通话过程中,为保证通话质量而引发的服务基站切换。

与主动定位数据相比,手机定位数据空间精度要低得多,通常空间间隔不规则,有较长的空白时间。

表 9-3 手机话单数据格式

字段名称	字段含义
MSID	用户唯一表示 ID
TIMESTAMP	话单发生时间,YYYYMMDDHHMISS
LAC	位置区 LocationArea 编号,以寻呼量划分,其中包含若干基站区
CELLID	小区编号,移动台所在的基站编号
EVENTID	事件类型,包括主叫、被叫、短信发送、短信接收、挂机等
AREA-CODE	归属地编号

日常生活中,平均每个手机用户产生的信令数据可达几十到上百条。面对庞大的手机用户群体,每时每刻都将产生海量的手机信令数据,如何完成对信令大数据的预处理并将其应用于交通规划和管理工作中,是当前交通领域研究的热点问题[119-121]。通过手机用户位置信息分析可以了解研究区域内用户出行强度,并进一步针对工作日、非工作日、一天的不同时段进行分析,分析不同时段的出行强度变化情况,建立活动强度与城市用地及建设开发的联系。在出行行为分析方面,可利用信令数据分析不同区域之间、分时段的出行起终点,分析不同出行方式的客流移动规律,为交通管理和城市交通规划提供依据;分析用户的出行时耗、出行距离、出行次数等数据,用于区域居民出行特征及交通服务水平的研究分析;或者针对重要商圈、交通枢纽、大型活动区域,分析区域人流集散空间规律,监控重点区域人流密度、集散时空特征、人流来源及目的地等,为交通组织方案及配套设施规划提供支持。

对移动对象的运动过程采样得到的包含采样位置、时间、运动速度等属性的信息被称为轨迹数据,在本质上是海量的时空数据。除了前面提到的手机通话、收发短信、连接 WiFi 热点外,公交卡、银行卡等智能卡刷卡等事件也将触发刷卡机、网络等工作,从而形成公交车或银行卡刷卡数据,从而得到一组由离散的时空记录点序列表示的轨迹数据[122]。在很多城市使用公交卡可以乘坐地铁、公交、出租车等,乘客每次上(下)车或进出站刷卡都将触发传感器记录当前信息。通过对交通卡数据的挖掘,可以完成对出行起讫点的推断、出行特征提取等,并用于对出行行为的建模分析。

第 10 章 出行行为分析中的集计预测技术

前面各章节中我们主要关注于对个体出行行为的预测，所建立的各种模型最终以选择概率的形式输出出行者选择某一特定方案的可能性。除了个体数据，交通设施投资、交通预测和规划的一些重要决策更需要集计层面的数据，如不同方式的出行需求量、不同群体的出行需求量、两个城市（节点）之间的交通量等。本章主要介绍集计模型和非集计模型的联系，怎样选择合适的集计方法从非集计模型得到集计结果。

10.1 个体选择的集计问题

在考虑基于个体行为的总体预测问题时，首先需要界定“集计人群”。有时这个问题的边界非常清楚。例如，在某一城市公交出行总量的预测中，集计人群即该城市的全体居民。有时问题的边界比较模糊，甚至可以有不同的设定。例如，同样是对一个城市公交出行需求的预测，我们可以从收入、年龄、职业、居住地所在区域等不同的角度得到不同的出行者群体，然后分别以不同出行者群体作为集计人群预测其公交出行需求。

完成对集计人群的界定，并将其表示为 A。接下来需要确定 A 中决策个体的数量（通常通过人口普查、政府统计部门相关数据得到），记作 N_A。假设决策者 n 选择方案 i 的概率为 $P(i\,|\,\boldsymbol{x}_n)$，其中 $\boldsymbol{x}_n$ 为选择概率影响变量所组成的向量。如果能够知道 A 中每个成员 n 所对应的属性向量 $\boldsymbol{x}_n$ 的值，那么集计过程会非常简单。假设 A 中选择方案 i 的个体数的预测值为 $N_A(i)$，则有

$$N_A(i)=\sum_{n=1}^{N_A}P(i\,|\,\boldsymbol{x}_n) \tag{10-1}$$

需要特别强调的是，$N_A(i)$作为群体 A 中选择方案 i 的个体总数的期望，是选择方案 i 的实际选择人数的一致、无偏估计。因为个体选择行为的预测为概率形式，故方案 i 实际选择人数应该是一个随机变量。在大多数情况下，A 足够大，方案 i 实际选择人数与期望值的差异可以忽略。由于每一个体对方案 i 的选择行为可以被视为概率为 $P(i\,|\,\boldsymbol{x}_n)$和 $1-P(i\,|\,\boldsymbol{x}_n)$的伯努利试验，因此方案 i 实际选择人数即为 N_A 次伯努

利试验的均值。如果选择概率已知，可以证明方案 i 人数的方差不大于 $\frac{1}{4}N_A$。基于总体中选择方案 i 的子集人数的预测，式(10－1)可以改写为如下形式：

$$W(i)=\frac{1}{N_A}\sum_{i=1}^{N_A}P(i\mid \boldsymbol{x}_n)=E[P(i\mid \boldsymbol{x}_n)] \tag{10－2}$$

式(10－2)中，$W(i)$是总体 A 中选择方案 i 的样本比例。可根据式(10－2)和基于每个个体的选择预测得到对总体的需求预测；然而在实际的工作中由于难以得到全部样本的属性变量，并且计算过程繁琐，而使得这两个公式的应用很受限制。假设属性向量 $\boldsymbol{x}_n$ 在总体 A 中服从概率密度为 $f(\boldsymbol{x})$的连续分布，则式(10－2)可表示为

$$W(i)=\int_x P(i\mid \boldsymbol{x})f(\boldsymbol{x})\mathrm{d}\boldsymbol{x}=E[P(i\mid \boldsymbol{x})] \tag{10－3}$$

式(10－3)中：$f(\boldsymbol{x})$在大多数情况下未知，且积分计算量较大，故式(10－3)的实际意义不大。

因此，基于个体选择行为的集计问题的关键是降低样本数据量和计算难度的集计分析方法。

10.2 集计分析思想

常用的集计分析技术都是对式(10－1)或式(10－2)式的某种近似。参考 Koppelman[123] 的研究，可以分为以下 5 类：

① 代表性个体法(Average Individual)。首先构造一个代表性个体，用代表性个体的选择概率作为 $W(i)$的近似。

② 分类法(Classification)。将总体划分为样本量分别为 $N_1, N_2, \cdots, N_G$ 的 G 个同质的子群，构造每个子群的代表性个体，以 $N_g(g=1,2,\cdots,G)$为权重计算各子群代表性个体选择概率的加权平均，作为 $N_A(i)$的近似。

③ 统计微分法(Statistical Differentials)。用一阶矩和二阶矩来估计总体的属性值，并用于对 $W(i)$的近似计算中。

④ 直接积分法(Explicit Integration)。用便于分析的连续分布作为总体属性值的近似分布，并将式(10－3)表示为

$$W(i)\cong\int_x \boldsymbol{P}(i\mid \boldsymbol{x})\tilde{f}(\boldsymbol{x})\mathrm{d}\boldsymbol{x} \tag{10－4}$$

式(10－4)中：$\tilde{f}(\boldsymbol{x})$是 $\boldsymbol{x}$ 的近似分布。当属性向量中既有连续取值又有离散取值的分量时，积分运算则既包含一般的积分过程也包含求和过程。

⑤ 样本枚举法(Sample Enumeration)。用样本代表总体，将式(10－4)用于样

本数据得到的 $W(i)$ 作为总体的估计值。

10.3 集计分析方法

10.3.1 代表性个体法

首先构造代表性个体，然后用这一个体的特征来代表总体特征。下面用一个实例来说明这一方法的误差。假设总体只包含两个个体，其属性值（假设其为标量）分别为 x_1 和 x_2，用 $P(i|\bar{x})$ 表示预测值、$W(i)$ 表示实际值，则有

$$W(i)=\frac{P(i|x_1)+P(i|x_2)}{2} \tag{10-5}$$

预测值与实际值之差记作 Δ，称为集计误差。考虑方案 i 的二元 Logit 模型：$P(I|\bar{x})=1/(1+\mathrm{e}^{-x_n})$。假设 $x_1=3.0$，$x_2=1.0$，$\bar{x}=2.0$，则有 $P(I|x_1)=0.95$，$P(I|x_2)=0.73$，$W(I)=0.84$，$P(I|\bar{x})=0.88$，$\Delta=0.88-0.84=0.04$。本例中 $P(I|\bar{x})>W(I)$。

代表性个体法在集计分析过程中有以下特征：

① 当选择模型是属性向量 $\boldsymbol{x}$ 的线性函数时，集计误差为零。这是因为对任意线性函数 $h(\cdot)$ 有

$$E[h(x)]=h[E(x)] \tag{10-6}$$

当 $h(\cdot)$ 近似线性时，集计误差绝对值 $|\Delta|$ 很小。

② 集计误差 Δ 的正负与 $P(i|\boldsymbol{x})$ 和 $f(\boldsymbol{x})$ 的函数形式有关。当 $P(i|\boldsymbol{x})$ 是 $\boldsymbol{x}$ 的凹函数时，$E[P(i|\boldsymbol{x})]\leqslant P(i|\bar{\boldsymbol{x}})$，预测结果会高估 $W(i)$；相反，当 $P(i|\boldsymbol{x})$ 是 $\boldsymbol{x}$ 的凸函数时，则预测结果会低估 $W(i)$。

③ Koppelman[123] 分析了在一些简化条件下 Δ 的值。令

$$\bar{V}_i=\int_{x_i} V(\boldsymbol{x}_i)f(\boldsymbol{x}_i)\mathrm{d}\boldsymbol{x}_i \tag{10-7}$$

式（10－7）中：$\boldsymbol{x}_i$ 是影响方案 i 选择效用确定项的部分；$f(\boldsymbol{x}_i)$ 是对应的概率密度函数。当 V 是线性函数时，$\bar{V}_i=\boldsymbol{\beta}'\bar{\boldsymbol{x}}_i$。

④ 通过简单的数值算例可证明，$|\Delta|$ 的取值随概率密度函数 $f(\boldsymbol{x})$ 方差的增大而增加。例如，考虑简单的二元 Probit 模型：

$$P_n(i)=\Phi(V_{in}-V_{jn}) \tag{10-8}$$

式（10－8）中：$V_{in}-V_{jn}$ 服从均值为 $\bar{V}$、方差为 σ_v^2 的正态分布。

10.3.2 分类法

分类法在本质上是代表性个体法的扩展。其实施步骤如下：

① 将总体 A 分成相互独立、完全穷尽的 G 个子集，分别由总体中属性向量为 $\boldsymbol{X}_g(g=1,2,\cdots,G)$ 的个体组成。

② 估计各子集中所包含决策者的数量 $N_g(g=1,2,\cdots,G)$。

③ 确定各子集的代表性属性值 $\tilde{\boldsymbol{x}}_g$。

④ 按下式预测 $W(i)$：

$$W(i) \cong \sum_{g=1}^{G} \frac{N_g}{N_A} P(i \mid \tilde{\boldsymbol{x}}_g) \tag{10-9}$$

分类法的关键是子集的划分，划得越细，则通过式(10－9)得到的预测值精度越高。但是对数据量和计算量的要求也更高。因此，方法的有效使用需要在预测精度和子集数量之间进行权衡。

10.3.3 统计微分法

统计微分法最初由 Talvitie 提出，其实质是用随机变量联合分布矩来估计随机变量函数的期望值。对式(10－9)中的选择概率 $P(i \mid \boldsymbol{x})$ 在 $\bar{\boldsymbol{x}}$ 附近作二阶泰勒展开(忽略高阶项)，则有下面的公式：

$$P(i \mid \boldsymbol{x}) \cong P(i \mid \bar{\boldsymbol{x}}) + \sum_{r=1}^{R} \frac{\partial}{\partial x_r} P(i \mid \boldsymbol{x}) \big|_{\bar{\boldsymbol{x}}} (x_r - x_{r'}) +$$

$$\frac{1}{2} \sum_{r=1}^{R} \sum_{r'=1}^{R} \frac{\partial^2}{\partial x_r \partial x_{r'}} P(i \mid \boldsymbol{x}) \big|_{\bar{\boldsymbol{x}}} (x_r - \bar{x}_r)(x_{r'} - \bar{x}_{r'}) \tag{10-10}$$

式(10－10)中：R 是属性向量 $\boldsymbol{x}$ 的维度；x_r 是其第 r 个元素；$\bar{x}_r$ 是 $\bar{x}$ 的第 r 个元素。将式(10－10)带入式(10－9)可得

$$W(i) \cong \int P(i \mid \bar{\boldsymbol{x}}) f(\boldsymbol{x}) \mathrm{d}\boldsymbol{x} + \sum_{r=1}^{R} \int \frac{\partial}{\partial x_r} P(i \mid \boldsymbol{x}) \big|_{\bar{\boldsymbol{x}}} (x_r - \bar{x}_r) f(\boldsymbol{x}) \mathrm{d}\boldsymbol{x} +$$

$$\frac{1}{2} \sum_{r=1}^{R} \sum_{r'=1}^{R} \int \frac{\partial^2}{\partial x_r \partial x_r{}'} P(i \mid \boldsymbol{x}) \big|_{\bar{\boldsymbol{x}}} (x_r - \bar{x}_r)(x_{r'} - \bar{x}_{r'}) f(x) \mathrm{d}x =$$

$$P(i \mid \bar{\boldsymbol{x}}) + \frac{1}{2} \sum_{r=1}^{R} \sum_{r'=1}^{R} \frac{\partial^2 P(i \mid \boldsymbol{x})}{\partial x_r \partial x_r{}'} \big|_{\bar{\boldsymbol{x}}} \mathrm{cov}(x_r, x_r{}') \tag{10-11}$$

考虑二元 Logit 模型，属性向量 $\boldsymbol{x}_n$ 由对应于被择方案 i 和 j 的数值变量属性 x_{in} 和 x_{jn} 组成，选择概率为

$$P(i \mid x) = \frac{e^{\beta x_{in}}}{e^{\beta x_{in}} + e^{\beta x_{jn}}} = \frac{1}{1 + e^{-\beta x_n}} \tag{10-12}$$

式(10－12)中：$x_n = x_{in} - x_{jn}$。假设 x_{in} 和 x_{jn} 同分布，且均值分别为 $\bar{x}_i$ 和 $\bar{x}_j$，方差分别为 $\mathrm{var}(x_{in}) = \sigma_i^2$，$\mathrm{var}(x_{jn}) = \sigma_j^2$，协方差为 $\mathrm{cov}(x_{in}, x_{jn}) = \sigma_{ij}$。因此，$x_n = x_{in} - x_{jn}$ 的均值和方差分别为 $\bar{x} = \bar{x}_i - \bar{x}_j$ 和 $\sigma^2 = \sigma_i^2 + \sigma_j^2 - 2\sigma_i\sigma_j$。由式(10－11)可得

$$\frac{\partial^2 P(i \mid x_n)}{\partial x_n^2} = -\beta^2 P(i \mid x_n)\left[1 - P(i \mid x_n)\right]\left[2P(i \mid x_n) - 1\right] \tag{10-13}$$

因此，可将式(10－11)改写为

$$W(i) = \frac{1}{1+\mathrm{e}^{-\beta\bar{x}}} - \frac{\beta^2}{2}\left(\frac{1}{1+\mathrm{e}^{-\beta\bar{x}}}\right)\left(\frac{\mathrm{e}^{-\beta\bar{x}}}{1+\mathrm{e}^{-\beta\bar{x}}}\right)\left(\frac{2}{1+\mathrm{e}^{-\beta\bar{x}}} - 1\right)\sigma^2 \tag{10-14}$$

式(10－14)的第二项可看作代表性个体预测值的修正项。需要注意的是，修正项的加入并不能保证统计微分法得到的预测结果比代表性个体方法更精确。从式(10－11)可知，虽然统计微分法的预测结果近似于随着泰勒级数阶次的增加而收敛于 $W(i)$ 的实际值，但并不能保证是"快速"收敛的。

10.3.4　直接积分法

对于特殊的 $P(i \mid \boldsymbol{x})$ 和 $f(\boldsymbol{x})$ 组合形式，式(10－3)是可以直接积分的。因此，如果用一些特殊的分布作为 $f(\boldsymbol{x})$ 的近似，就可以直接积分得到 $W(i)$。

直接积分法的结果可以通过两种不同途径得到：直接求解 $W(i)$ 的表达式，或采用间接法。间接法将方案 i 对属性向量 $\boldsymbol{x}_{in}$ 与总体均值 $\bar{\boldsymbol{x}}_i$ 之差视为集计过程带来的随机观测误差向量 $\tilde{\boldsymbol{\varepsilon}}_{in}$，即

$$\tilde{\boldsymbol{\varepsilon}}_{in} = \boldsymbol{x}_{in} - \bar{\boldsymbol{x}}_i \tag{10-15}$$

同时，假设总体中的个体都有相同选择集；否则，需要对总体进一步划分，使每个子群体中各个体选择集相同，然后对各子群体作集计分析。假设选择效用系统项具有线性形式，则方案 i 的效用可以表示为

$$U_{in} = \boldsymbol{\beta}'\boldsymbol{x}_{in} + \varepsilon_{in} = \boldsymbol{\beta}'\bar{\boldsymbol{x}}_i + (\boldsymbol{\beta}'\tilde{\boldsymbol{\varepsilon}}_{in} + \varepsilon_{in}) \tag{10-16}$$

将 $\tilde{\boldsymbol{\varepsilon}}_{in}$ 看作总体上的一个随机变量，并对总体定义一个"集计系统效用"，记作 $\bar{V}_i$，有

$$U_{in} = \bar{V}_i + (\boldsymbol{\beta}'\tilde{\boldsymbol{\varepsilon}}_{in} + \boldsymbol{\varepsilon}_{in}) = \bar{V}_i + \varepsilon_{in}^* \tag{10-17}$$

式(10－17)中：$\varepsilon_{in}^* = \boldsymbol{\beta}'\tilde{\boldsymbol{\varepsilon}}_{in} + \varepsilon_{in}$。

总体中任意个体选择方案 i 的概率可表示为

$$W(i) = \mathrm{Prob}(\bar{V}_i + \varepsilon_{in}^* > \bar{V}_j + \varepsilon_{jn}^*,\quad \forall i, j \in A) \tag{10-18}$$

式(10－18)可通过 $<\varepsilon_{1n}^*, \varepsilon_{2n}^*, \cdots, \varepsilon_{N_A n}^*>$ 的联合分布得到。因此，公式的解等价于 $P(i \mid \boldsymbol{x})$ 在分布函数 $f(x)$ 上的积分结果。而问题的关键是选择合适的 $\tilde{\boldsymbol{\varepsilon}}_{in}$ 和 ε_{in}，得到 ε_{in}^* 分布使得式(10－18)可解。通常可以考虑以下两种情况。

① 选择方案属性服从正态分布，采用 Probit 模型。如果效用函数的随机项和 $f(x)$ 都服从正态分布(表明 $\tilde{\boldsymbol{\varepsilon}}_{in}$ 也服从正态分布)，则 $\boldsymbol{\beta}'\tilde{\boldsymbol{\varepsilon}}_{in} + \varepsilon_{in}$ 是正态随机变量的线性函数，也服从正态分布。因此，可将 $W(i)$ 表示为集计形式的 Probit 模型[124]。

② 选择方案属性服从正态分布，采用 Logit 模型。当选择效用随机项独立同分

布于 Gumbel 分布时，Wetin[125] 证明了式(10－19)服从 S_B 分布：

$$\boldsymbol{\beta}'(\tilde{\boldsymbol{\varepsilon}}_{jn}-\tilde{\varepsilon}_{in})+(\varepsilon_{jn}-\varepsilon_{in}) \tag{10-19}$$

对于二元选择的情况，有

$$W(i)=F_B[\boldsymbol{\beta}'(\bar{\boldsymbol{x}}_i-\bar{\boldsymbol{x}}_j)] \tag{10-20}$$

式(10－20)中：$F_B(\cdot)$是 S_B 分布的累计分布函数。虽然式(10－20)没有封闭形式的解，但是可以利用 S_B 分布的分布函数表进行分析。结果可以进一步扩展到多元选择的情况。多元情况下，$W(i)$成为多元 S_B 分布的累计函数。

10.3.5 样本枚举法

最基本的样本枚举法是，将总体中的每一个随机样本都作为总体的“代表”。而样本中选择方案 i 的比例则看作 $W(i)$的一个估计：

$$W(i)=\frac{1}{N_s}\sum_{n=1}^{N_s}P(i\mid\boldsymbol{x}_n) \tag{10-21}$$

式(10－21)中：N_s 是抽样量。

当样本为非随机抽样时，枚举法仍然适用。例如，对分层样本，总体中不同子群的抽样率不同。首先需要将总群按样本分层情况划分为子群，然后对每个子群分别应用样本枚举法，然后以各子群在总体中的占比为权重计算出 $W(i)$的估计值：

$$W(i)=\sum_{g=1}^{G}\left(\frac{N_g}{N_A}\right)\frac{1}{N_{sg}}\sum_{n=1}^{N_{sg}}P(i\mid\boldsymbol{x}_n) \tag{10-22}$$

式(10－22)中：N_{sg} 是样本中属于子群 g 的个体数。

样本枚举法也可应用于较复杂的预测问题。例如，由于选择方案很多或者预测点数量大而使得选择集特别大的情况。对于时间相依选择，如果有 J 个备择方案和 τ 个观测点，则有 $J\tau$ 种可能的选择“路径”。对于这类问题，可以应用 MonteCarlo 仿真来减小预测的计算量。这里分析两种常见的情况：

① 从选择集中进行随机抽样。该方法只适用于 Logit 模型。由于 Logit 模型的 IIA 特性，随机抽取每个个体都可选的方案，然后应用样本枚举法完成对 $W(i)$的估计，则得到的是一致估计。

② 对选择结果进行仿真。当个体面临 τ 个时点的一系列选择时，相比于总体中选择 $J\tau$ 种不同路径个体占比的预测问题，学者们更关注在某一时点选择特定方案的个体的比例，而这通常需要借助于仿真方法来完成。下面以一个二元 Logit 选择为例进行说明。

假设个体 n 在时点 1 对两个被择方案 i 和 j 的选择概率分别为 $P_n^1(i)$和 $P_n^t(j)$，生成服从[0,1]区间上均匀分布的随机数 μ_t，当 $P_n^t(i)\leqslant\mu_t$ 时，认为个体 n

在时点 t 选择方案 i，而当 $P_n^t(i)>\mu_t$ 时，认为个体 n 在时点 t 选择方案 j；然后在此基础上完成对 $t+1$ 时点的选择概率 $P_n^{t+1}(i)$和 $P_n^{t+1}(j)$的预测。重复这一预测过程直到 τ 个时点的选择概率全部完成预测。对 N_A 个个体分别进行上述预测过程，并统计出在 t 时点选择选项 i 的个体总数，有

$$W^t(i)=\frac{N^t(i)}{N_s} \tag{10-23}$$

参考文献

[1] JONES P M. New approaches to understanding travel behaviour: The human activity approach, in Behavioral travel modeling[M]. HENSHER D A, STOPHER P R, Editors. Redwood Burn Ltd.: London. 1979: 55-80.

[2] HAGERSTRAAND T. What about people in regional science? [J] Papers in Regional Science, 1970, 24(1): 7-24.

[3] DAVIDSON W, DONNELLY R, VOVSHA P, et al. Synthesis of first practices and operational research approaches in activity-based travel demand modeling[J]. Transportation Research Part A: Policy and Practice, 2007, 41(5): 464-488.

[4] RASOULI S, TIMMERMANS H. Activity-based models of travel demand: Promises, progress and prospects[J]. International Journal of Urban Sciences, 2014, 18(1): 31-60.

[5] COOLS M, CREEMERS L. The dual role of weather forecasts on changes in activity-travel behavior [J]. Journal of Transport Geography, 2013, 28: 167-175.

[6] NURUL HABIB K, El-ASSI W, HASNINE M S. et al. Daily activity-travel scheduling behaviour of non-workers in the national capital region (ncr) of Canada[J]. Transportation Research Part A: Policy and Practice, 2017, 97: 1-16.

[7] PAWLAK J, POLAK J W, SIVAKUMAR A. Towards a microeconomic framework for modelling the joint choice of activity-travel behaviour and ICT use[J]. Transportation Research Part A: Policy and Practice, 2015, 76: 92-112.

[8] MAO Z, ETTEMA D, DIJST M. Analysis of travel time and mode choice shift for non-work stops in commuting: Case study of Beijing, China[J]. Transportation, 2016: 1-16.

[9] PINJARI A R, BHAT C R, HENSHER D A. Residential self-selection effects

in an activity time-use behavior model[J]. Transportation Research Part B: Methodological, 2009, 43(7): 729-748.

[10] SENER I N, BHAT C R. Modeling the spatial and temporal dimensions of recreational activity participation with a focus on physical activities [J]. Transportation, 2012, 39(3): 627-656.

[11] BOARNET M G, HSU H P. The gender gap in non-work travel: The relative roles of income earning potential and land use[J]. Journal of Urban Economics, 2015, 86: 111-127.

[12] HAHN J S, KIM H C, KIM J K, et al. Trip making of older adults in seoul: Differences in effects of personal and household characteristics by age group and trip purpose[J]. Journal of Transport Geography, 2016, 57: 55-62.

[13] HE S Y. Will you escort your child to school? The effect of spatial and temporal constraints of parental employment[J]. Applied Geography, 2013, 42: 116-123.

[14] MANOJ M, VERMA A. Activity-travel behaviour of non-workers belonging todifferent income group households in Bangalore, India [J]. Journal of Transport Geography, 2015, 49: 99-109.

[15] KIM C, PARENT O. Modeling individual travel behaviors based on intra-household interactions. Regional Science and Urban Economics[J], 2016, 57: 1-11.

[16] KIM S N, CHOO S, MOKHTARIAN P L. Home-based telecommuting and intra-household interactions in work and non-work travel: A seemingly unrelated censored regression approach[J]. Transportation Research Part A: Policy and Practice, 2015, 80: 197-214.

[17] POOLEY C G, HORTON D, SCHELDEMAN G, et al. Household decision-making for everyday travel: A case study of walking and cycling in Lancaster (UK)[J]. Journal of Transport Geography, 2011, 19(6): 1601-1607.

[18] SRINIVASAN S, BHAT C R. Modeling household interactions in daily in-home and out-of-home maintenance activity participation[J]. Transportation, 2005, 32(5): 523-544.

[19] CHORUS C G. Risk aversion, regret aversion and travel choice inertia: An experimental study[J]. Transportation Planning and Technology, 2014, 37(4): 321-332.

[20] COMBS T S. Examining changes in travel patterns among lower wealth households after brt investment in Bogotá, Colombia[J]. Journal of Transport Geography, 2017, 60: 11-20.

[21] KANG H, SCOTT D M. Exploring day-to-day variability in time use for household members[J]. Transportation Research Part A: Policy and Practice, 2010, 44(8): 609-619.

[22] PAS E I, KOPPELMAN F S. An examination of the determinants of day-to-day variability in individuals' urban travel behavior[J]. Transportation, 1986, 13(2): 183-200.

[23] YOON S, GOULIAS K. Impact of time-space prism accessibility on time use behavior and its propagation through intra-household interaction[J]. Transportation Letters, 2010, 2(4): 245-260.

[24] GAN L P, RECKER W. A mathematical programming formulation of the household activity rescheduling problem[J]. Transportation Research Part B: Methodological, 2008, 42(6): 571-606.

[25] DUBERNET T, AXHAUSEN K W. Implementing a household joint activity-travel multi- agent simulation tool: First results. Transportation, 2015, 42(5): 753-769.

[26] TRAIN K E. Discrete choice methods with simulation[M]. 2 ed. Cambridge: Cambridge University Press, 2009.

[27] BEN AKIVA M, MCFADDEN D, TRAIN K, et al. Hybrid choice models: Progress and challenges[M]. Marketing Letters, 2002, 13(3): 163-175.

[28] WALKER J. Extended discrete choice models: Integrated framework, flexible error structures, and latent variables[M], in Department of Civil and Environmental Engineering. Massachusetts Institute of Technology, 2001: 208.

[29] ALONSO ANTON A, FERNANDEZ SAINZ A, RODRIGUEZ-POO J. Semiparametric estimation of a duration model [J]. Oxford Bulletin of Economics and Statistics, 2001, 63(5): 517-533.

[30] COX D R. Regression models and life-tables[M]. Journal of the Royal Statistical Society. Series B (Methodological), 1972, 34(2): 187-220.

[31] HAMED M M, MANNERING F L. Modeling travelers' postwork activity involvement: Toward a new methodology[M]. Transportation Science, 1993, 27(4): 381-394.

[32] BHAT C R. A model of post home-arrival activity participation behavior [J]. Transportation Research Part B: Methodological, 1998, 32(6): 387-400.

[33] YE X, PENDYALA R M, GOTTARDI G. An exploration of the relationship between mode choice and complexity of trip chaining patterns[J]. Transportation Research Part B: Methodological, 2007, 41(1): 96-113.

[34] HANNES E, JANSSENS D, WETS G. Destination choice in daily activity travel: Mental map's repertoire[J]. Transportation Research Record, 2008, (2054): 20-27.

[35] JANG S, RASOULI S, TIMMERMANS H. Incorporating psycho-physical mapping into random regret choice models: Model specifications and empirical performance assessments[J]. Transportation, 2016: 1-21.

[36] JOU R C, KITAMURA R, WENG M C, et al. Dynamic commuter departure time choice under uncertainty[J]. Transportation Research Part A: Policy and Practice, 2008, 42(5): 774-783.

[37] ZHANG J, TIMMERMANS H, BORGERS A, et al. Modeling traveler choice behavior using the concepts of relative utility and relative interest[J]. Transportation Research Part B: Methodological, 2004, 38(3): 215-234.

[38] CHOURS C G, BIERLAIRE M. An empirical comparison of travel choice models that capture preferences for compromise alternatives[J]. Transportation, 2013, 40(3): 549-562.

[39] HOOGENDOORN-LANSER S, NES R, HOOGENDOORN S. Modeling transfers in multimodal trips: Explaining correlations [J]. Transportation Research Record, 2006, 1985(1): 144-153.

[40] TRINGIDES C A, YE X, PENDYALA R M. Alternative formulation of joint model systems of departure time choice and mode choice for non-work trips [J]. Transportation Research Record, 2004, (1898): 1-9.

[41] 朱喜,李子奈. 我国农村正式金融机构对农户的信贷配给——一个联立离散选择模型的实证分析[J]. 数量经济技术经济研究, 2006 (03): 37-49.

[42] PENDYALA R M, BHAT C R. An exploration of the relationship between timing and duration of maintenance activities[J]. Transportation, 2004, 31(4): 429-456.

[43] TRINGIDES C A, YE X, PENDYALA R M. Departure-time choice and mode choice for nonwork trips: Alternative formulations of joint model sys-

tems[J]. Transportation Research Record, 2004, 1898(xx): 215-223.

[44] GREENE W H. Gender economics courses in liberal arts colleges: Further results[J]. Journal of Economic Education, 1998, 29(4): 291-300.

[45] BEN-AKIVA M, LERMAN S. Discrete choice analysis: Theory and application to travel demand[M]. Massachusetts: MIT Press, 2000.

[46] LEE L F. Generalized econometric models with selectivity[J]. Econometrica, 1983, 51(2): 507-512.

[47] HESS S, FOWLER M, ADLER T, et al. A joint model for vehicle type and fuel type choice: Evidence from a cross-nested logit study[J]. Transportation, 2012, 39(3): 593-625.

[48] YANG L, ZHENG G, ZHU X. Cross-nested logit model for the joint choice of residential location, travel mode, and departure time[J]. Habitat International, 2013, 38(Supplement C): 157-166.

[49] WEN C H, KOPPELMAN F S. The generalized nested logit model[J]. Transportation Research Part B: Methodological, 2001, 35(7): 627-641.

[50] SINGH M, VALTORTA M. Construction of bayesian network structures from data: A brief survey and an efficient algorithm[J]. International Journal of Approximate Reasoning, 1995, 12(2): 111-131.

[51] JANSSENS D, WETS G, BRIJS T, et al. Identifying behavioral principles underlying activity patterns by means of bayesian networks[C]. In the 82nd Annual Meeting of the Transportation Research Board. Washington, D. C, 2003.

[52] GOURIEROUX C, MONFORT A, TROGNON A. Pseudo maximum likelihood methods: Theory[J]. Econometrica, 1984, 52(3): 681-700.

[53] 杜华兵，陈金川，郭继孚. 北京市实施错时上下班的可行性分析[J]. 交通分析与设计，2004，2(4)：64-67.

[54] CHUMAK A, BRAAKSMA J P. Implications of travel-time budget for urban transportation modelling in Canada[J]. Transportation Research Record, 1981, 1981(xx): 19-27.

[55] LANDROCK J N. Spatial stability of average daily travel times and trip rates within great Britain[J]. Transportation Research Part A, 1981, 15(1): 55-62.

[56] HAMED M K, MANNERING F. Modelling travelers post-work activity in-

volvement: Toward a new methodology[J]. Transportation Science, 1993, 27(4): 381-394.

[57] GOLOB T F. The dynamics of household travel time expenditures and car ownership decision [J]. Transportation Research Part A, 1990, 24(6): 443-463.

[58] FUJII S, KITAMURA R, MONMA T. A study of commuter's activity patterns for the estimation of induced trips. Journal of Infrastructure Planning and Management, 1997,562(Ⅳ-35): 109-120.

[59] BHAT C R, STEED J L. A continuous-time model of departure time choice for urban shopping trips[J]. Transportation Research Part B, 2002, 36(3): 207-224.

[60] BHAT C R, SRINIVASAN S, AXHAUSEN K W. An analysis of multiple interepisode durations using a unifying multivariate hazard model[J]. Transportation Research Part B, 2005, 39(9): 797-823.

[61] LEE B, TIMMERMANS H J P. A latent class accelerated hazard model of activity episode durations[J]. Transportation Research Part B, 2007, 41(4): 426-447.

[62] JOLY I. Travel time budget-decomposition of the worldwide mean[M]. In International Association of Time-Use Research Annual Conference. Rome, Italy, 2004.

[63] 邹志云，蒋忠海，胡程，等. 国内不同类型城市居民出行特征分析[J]. 武汉理工大学学报：交通科学与工程版，2008，32(3)：554-557.

[64] LEE E J, EASTWOOD D B, LEE J. A sample selection model of consumer adoption of computer banking [J]. Jounal of Financial Services Research, 2004, 26(3): 263-275.

[65] GREENE W H. Econometric analysis[M]. New York: Prentice Hall, 2007.

[66] FERDOUS N, BHAT C R, VANA L, et al. Comparison of four-step versus tour-based models for prediction of travel behavior before and after transportation system changes [J]. Transportation Research Record, 2016, 2303: 46-60.

[67] KATO H. Joint resource allocation model of household consisting of a husband, a wife and a child for non-work activities: Comparative analysis of tokyo and toyama, Japan[C]. In the 6th Swiss Transport Research Conference.

Monte Verità, 2006.

[68] SIMMA A, AXHAUSEN K W. Within-household allocation of travel: The case of upper Austria[C]. In the 80th Transportation Research Board Annual Meeting. Washington, D. C. , 2001.

[69] CAO X, CHAI Y. Gener-role based difference in time allocation: A case study of shenzhen, China[C]. In the 86th Transportation Research Board Annual Meeting. Washington, D. C. : Transportation Research Board of the National Academies, 2007.

[70] SRINIVASAN K K, ATHURU S R. Analysis of within-household effects and between-household differences in maintenance activity allocation[C]. In the 84th Transportation Research Board Annual Meeting. Washington, D. C. , 2005.

[71] CHIEH-HUA W, KOPPELMAN F S. Integrated model system of stop generation and tour formation for analysis of activity and travel patterns[J]. Transportation Research Record, 1999, 1676: 136-144.

[72] ZHANG J, TIMMERMANS H J P. A model of household task allocation and time use[J]. Transportation Research Part B, 2005, 39(1): 81-95.

[73] MEISTER K, FRICK M, AXHAUSEN K W. A GA-based household scheduler [J]. Transportation, 2005, 32(5): 473-494.

[74] GOLOB T F, MCNALLY M G. A model of activity participation and travel interactions between household heads[J]. Transportation Research Part B, 1997, 31(3): 177-194.

[75] MACDONALD H I. Women's employment and commuting: Explaining the links[J]. Journal of Planning Literature, 1999, 13(3): 267-283.

[76] PRIBYL O, GOULIAS K G. Simulation of daily activity patterns incorporating interactions within households: Algorithm overview and performance[J]. Transportation Research Record, 2005 (1926): 135-141.

[77] MELONI I, BEZ M, SPISSU E. Activity-based model of women's activity-travel patterns[J]. Transportation Research Record, 2009 (2125): 26-35.

[78] YUN M P, CHEN Z H, LIU J Y. Comparison of mode choice behavior for work tours and non-work tours considering trip chain complexity[C]. In Transportation Research Board 93rd Annual Meeting. Transportation Research Board: Washington, D. C. , 2014.

[79] BRADLEY M, VOVSHA P. A model for joint choice of daily activity pattern typesof household members[J]. Transportation, 2005, 32(5): 545-571.

[80] LEE Y, HICKMAN M, WASHINGTON S. Household type and structure, time-use pattern, and trip-chaining behavior [J]. Transportation Research Part A: Policy and Practice, 2007, 41(10): 1004-1020.

[81] WILSON W C. Activity pattern analysis by means of sequence alignment methods[J]. Environment and Planning A, 1998, 30(6): 1017-1038.

[82] DALUMPINES R, SCOTT D M. Extracting behavioral groups from activity diary data using sequence alignment and fuzzy clustering[C]. In Transportation Research Board 91st Annual Meeting. Transportation Research Board: Washington, D. C. , 2012.

[83] NOH S, JOH C H. Analysis of elderly travel patterns in seoul metropolitan area, south korea, through sequence alignment and motif search[J]. Transportation Research Record: Journal of the Transportation Research Board, 2012, 2323: 25-34.

[84] SUSILO Y, KITAMURA R. Analysis of day-to-day variability in an individual′s action space: Exploration of 6-week mobidrive travel diary data [C]. Transportation Research Record: Journal of the Transportation Research Board, 2005, 1902: 124-133.

[85] KITAMURA R, YAMAMOTO T, SUSILO Y O, et al. How routine is a routine? An analysis of the day-to-day variability in prism vertex location[J]. Transportation Research Part A: Policy and Practice, 2006, 40(3): 259-279.

[86] RAUX C, MA T Y, CORNELIS E. Variability and anchoring points in weekly activity-travel patterns[C]. In Transportation Research Board 91st Annual Meeting. Washington, D. C. , 2012.

[87] TARIGAN A, FUJII S, KITAMURA R. Intrapersonal variability in leisure activity-travel patterns: The case of one-worker and two-worker households [J]. Transportation Letters, 2012, 4(1): 1-13.

[88] CHIKARAISHI M, FUJIWARA A, ZHANG J, et al. Exploring variation properties of departure time choice behavior by using multilevel analysis approach[J]. Transportation Research Record: Journal of the Transportation Research Board, 2009, 2134: 10-20.

[89] BAYARMA A, KITAMURA R, SUSILO Y. Recurrence of daily travel pat-

terns: Stochastic process approach to multiday travel behavior[J]. Transportation Research Record: Journal of the Transportation Research Board, 2007, 2021: 55-63.

[90] RAUX C, MA T Y, CORNELIS E. Variability and anchoring points in weekly activity-travel patterns in weekly activity-travel patterns[C]. In Transportation Research Board 91st Annual Meeting. Transportation Research Board: Washington, D. C. , 2012.

[91] MOISEEVA A, TIMMERMANS H J P, CHOI J, et al. Sequence alignment analysis of activity-travel patterns variability using eight weeks' diary data[J]. Transportation Research Record, 2014. (2412): 49-56.

[92] JOH C H, ARENTZE T, HOFMAN F, et al. Activity pattern similarity: A multidimensional sequence alignment method[J]. Transportation Research Part B: Methodological, 2002, 36(5): 385-403.

[93] KRUSKAL J. An overview of sequence comparison: Time warps, string edits, and macromolecules[J]. SIAM Review, 1983, 25(2): 201-237.

[94] JOH C H, ARENTZE T, TIMMERMANS H J P. Dana: Dissimilarity analysis of activity-travel patterns[R]. Eindhovein, Netherlands, 2008.

[95] DAVIDSON R, MACKINNON J G. Several tests for model specification in the presence of alternative hypotheses[J]. Econometrica, 1981, 49(3): 781-793.

[96] ELANGO V V, GUENSLER R, OGLE J. Day-to-day travel variability in the commute atlanta, georgia, study[J]. Transportation Research Record, 2007 (2014): 39-49.

[97] DHARMOWIJOYO D B E, SUSILO Y O, KARLSTROM A. The day-to-day variability in travelers activity-travel patterns in the jakarta metropolitan area[C]. In Transportation Research Board 93rd Annual Meeting. Washington, D. C. , 2014.

[98] TOWELL G G, SHAVLIK J W. Knowledge-based artificial neural networks [J]. Artificial Intelligence, 1994, 70(1): 119-165.

[99] 李爱军，罗四维，黄华，等. 基于决策树的神经网络[J]. 计算机研究与发展，2005，(08)：1312-1317.

[100] LUCASIUS C B, DANE A D, KATEMAN G. On k-medoid clustering of large data sets with the aid of a genetic algorithm: Background, feasiblity

and comparison[J]. Analytica Chimica Acta, 1993, 282(3): 647-669.

[101] HENSHER D A, TON T T. A comparison of the predictive potential of artificial neural networks and nested logit models for commuter mode choice [J]. Transportation Research Part E: Logistics and Transportation Review, 2000, 36(3): 155-172.

[102] HORNIK K, STINCHCOMBE M, WHITE H. Multilayer feedforward networks are universal approximators[J]. Neural Networks, 1989, 2(5): 359-366.

[103] XIE C, LU J, PARKANY E. Work travel mode choice modeling with data mining: Decision trees and neural networks[J]. Transportation Research Record, 2003 (1854): 50-61.

[104] CELIKOGLU H B. Application of radial basis function and generalized regression neural networks in non-linear utility function specification for travel mode choice modelling[J]. Mathematical and Computer Modelling, 2006, 44(7): 640-658.

[105] VAPNIK V. The nature of statistical learning theory[M]. New York: Springer,1999.

[106] CORTES C, VAPNIK V. Support-vector networks[J]. Machine Learning, 1995, 20(3): 273-297.

[107] CRISTIANINI N, SHAWE-TAYLOR J. An introduction to supoort vector machines and other kernel-based learning methods[M]. Cambridge, U. K.: Cambridge University Press, 2000.

[108] WU K P, WANG S D. Choosing the kernel parameters for support vector machines by the inter-cluster distance in the feature space[J]. Pattern Recognition, 2009, 42(5): 710-717.

[109] DIVISION B T. Lexington area travel data collection test-final report[R]. Office ofHighway Information Management and Office of Technology Applicaiton, Federal Highway Administration: Washington, D. C., 1997.

[110] GREAVES S, FIFER S, ELLISON R, et al. Development of a gps/web-based prompted-recall solution for longitudinal travel surveys[C]. In the 89th Annual Meeting of Transportation Research Board. Transportation Research Board: Washington, D. C., 2010.

[111] MARCHAL P, MADRE J L, YUAN S. Postprocessing procedures for per-

son-based global positioning system data collected in the french national travel survey 2007-2008[J]. Transportation Research Record, 2011, 2246: 47-54.
[112] BRICKA S G, SEN S, PALETI R, et al. An analysis of the factors influencing differences in survey-reported and gps-recorded trips[J]. Transportation Research Part C, 2012, 21(1): 67-88.
[113] BARBEAU S J, LABRADOR M A, GEORGGI, N L, et al. Trac-IT-a software architecture supporting simultaneous travel behavior data collection & real-time location-based services for gps-enabled mobile phones[C]. In the 88th Annual Meeting of Transportation Research Board. Transportation Research Board: Washington, D. C., 2009.
[114] PARLAK S, JARIYASUNANT J, SENGUPTA R. Using smartphones to perform transportation mode determination at the trip level[C]. In 91st Annual Meeting of Transporation Research Board. Transporation Research Board: Washington, D. C., 2012.
[115] CONCAS S, BARBEAU S J, WINTERS P L, et al. Using mobile apps to measure spatial travel-behavior changes of carsharing users[C]. In 92nd Annual Meeting of Transportation Research Board. Transportation Research Board: Washington, D. C., 2013.
[116] LIU J, WOLFSON O, YIN H. Extracting semantic location from outdoor positioning systems[C]. In the 7th International Conference on Mobile Data Management. IEEE: Nara, Japan, 2006.
[117] YIN N W. Chinese new-approach urbanization report[R]. Beijing, 2010.
[118] XI-MING L, XIAO-TAO G. The fifth travel survey of residents in shanghai and characteristics analysis[J]. Urban Transport of China, 2011, 9: 1-7.
[119] CALABRESE F, DIAO M, DI LORENZO G, et al. Understanding individual mobility patterns from urban sensing data: A mobile phone trace example[J]. Transportation Research Part C: Emerging Technologies, 2013, 26 (Supplement C): 301-313.
[120] CHEN C, MA J, SUSILO Y, et al. The promises of big data and small data for travel behavior (aka human mobility) analysis[J]. Transportation Research Part C: Emerging Technologies, 2016, 68(Supplement C): 285-299.
[121] SHI L, CHI G, LIU X, et al. Human mobility patterns in different commu-

nities: A mobile phone data-based social network approach[J]. Annals of GIS, 2015, 21(1): 15-26.

[122] 李婷，裴韬，袁烨城，等. 人类活动轨迹的分类、模式和应用研究综述. 地理科学进展[J]，2014 (07)：938-948.

[123] KOPPELMAN F S. Travel prediction with models of indiviudal choice behavior[D]. In Dept. of Civil Engineering. Massachusetts Institute of Technology, 1975.

[124] FERNANDO B. An efficient methodology to estimate and predict with multinomial probitmodels: Application to transportation problems[D]. In Department of Ocean Engineering. MIT: Cambridge, 1978.

[125] WESTIN R B. Predictions from binary choice models[J]. Journal of Econometrics, 1974, 2(1): 1-16.